编委会

NINGXIA TUSHUGUAN GUANYUAN
ZHUSHU TIYAO

宁夏图书馆馆员
著述提要
（1958—2020）

韩 彬 主编

黄河出版传媒集团
阳光出版社

图书在版编目（CIP）数据

宁夏图书馆馆员著述提要：1958--2020 / 韩彬主编
. -- 银川：阳光出版社,2023.6
ISBN 978-7-5525-6817-2

Ⅰ.①宁… Ⅱ.①韩… Ⅲ.①图书馆工作－宁夏－文
集－1958-2020 Ⅳ.①G259.274.3-53

中国国家版本馆 CIP 数据核字(2023)第 099065 号

宁夏图书馆馆员著述提要(1958—2020)　　　　　　　　韩　彬　主编

责任编辑　贾　莉
封面设计　姜喜荣
责任印制　岳建宁

黄河出版传媒集团
阳　光　出　版　社　　出版发行

出 版 人　薛文斌
地　　址　宁夏银川市北京东路 139 号出版大厦（750001）
网　　址　http://www.ygchbs.com
网上书店　http://shop129132959.taobao.com
电子信箱　yangguangchubanshe@163.com
邮购电话　0951-5047283
经　　销　全国新华书店
印刷装订　宁夏银川轻工印刷包装厂
印刷委托书号　（宁)0026268

开　　本　720 mm×980 mm　1/16
印　　张　21.75
字　　数　350 千字
版　　次　2023 年 6 月第 1 版
印　　次　2023 年 6 月第 1 次印刷
书　　号　ISBN 978-7-5525-6817-2
定　　价　68.00 元

前　言

　　图书馆作为知识集散地，工作内容繁多而细密，有其自身的体系结构。因其与知识的关联性，工作要求相对较高，尤其是对馆员的综合能力和素质，有着特殊的要求。因此，图书馆馆员不仅是知识的管理者、服务者，也必须是研究者，对工作中的实践探索、经验总结和理论思索，给予及时的呈现，体现着图书馆的专业性和馆员能力。为此，我们编辑出版了这本《宁夏图书馆馆员著述提要（1958—2020）》，全面反映宁夏图书馆馆员探索、研究的发展状况。

　　宁夏图书馆自 1958 年成立后，一切从零开始建设，边实践边学习，逐步完成图书馆基础建设，馆藏资源和读者服务逐渐展开，对图书馆工作有了切实的体会，理论上也渐次有了理解。但囿于条件制约，事业发展进展比较缓慢，且馆舍不定，实践和理论并没有积累式发展，直至 1979 年，西夏区馆舍落定后，图书馆业务和研究工作才渐行启动，省级图书馆研究功能得以释放。当年，由宁夏图书馆发起并成立了宁夏图书馆学会，编辑出版了专业学术研究期刊《宁夏图书馆通讯》。1986 年，《宁夏图书馆通讯》更名为《图书馆理论与实践》，并通过邮局面向全国公开发行。经过 40 余年建设，《图书馆理论与实践》已成为宁夏图书馆最具影响力的学术品牌。大型省级图书馆兼具研究性质，宁夏图书馆始终鼓励馆员展开各项业务研究，通过建设杂志这个学术平台，带动馆员的研究工作，在实际工作不断壮大的同时，宁夏图书馆的研究工作也同步提高。

综辑馆员研究状况，大致分为两个方面：一是因业务实践产生成果，如在书目信息服务、参考咨询和为科研课题服务过程中，需要挖掘整理各类资料和书目、提要信息，逐渐积累，形成了成果。比如高树榆馆长撰写的《宁夏方志述略》《宁夏方志总目提要》，丁力馆长、张欣毅副馆长撰写的《中文社会科学工具书实用图表》。当然，更多的成果，是汇聚了不同时期宁夏图书馆众多馆员集体智慧的成果，如《宁夏地方文献联合目录》《宁夏图书馆馆藏精品集萃》《地方文献导藏书目》《宁夏回族自治区珍贵古籍名录图录》《宁夏回族自治区图书馆古籍普查登记目录》《宁夏回族自治区二十家收藏单位古籍普查登记目录》等。通过出版研究成果，极大地鼓励了馆员的工作热情和研究积极性，在业务能力和研究素养方面均获得了提高，为本馆读者服务的深度拓展，起到了极大的推动作用。二是个人专业方向的研究。图书馆学情报学是专业方向、专业侧重比较多的学科，馆员研究方向的选择，宁夏图书馆馆员也是百花齐放、各有所长，因而形成了丰富多彩的成果。基础理论研究方面，比如高树榆馆长的《图书馆员的素养》《图书馆员与读者的关系》等，对馆员的工作性质、应具备的服务能力等进行了系统的阐述。白铁雄《关于现阶段省级公共图书馆基本任务的思考》分析了省级图书馆的职能所在。于建文《市场经济给图书馆界带来的思考》紧扣时代发展主题，给出了自己独特的思考。肖群《图书馆员职业道德建设新论》提出了关于馆员职业道德建设的科学建议。众多研究中，张欣毅成果尤多，不同时期均有颇具分量的理论研究成果呈现，如《层次说——我们对图书馆学研究对象的认识》《建国 40 年来图书馆服务方式的发展综述》《超文本范式——关于公共信息资源及其认知机制的哲学思考》，丰富了中国图书馆学研究的内容，是国内具有影响力的研究成果。关于图书馆事业发展的研究，如丁力《对发展我区图书馆事业的几点设想》，张欣毅《分面分析与检索语言》，钱拱辰《宁夏图书馆三十年的发展》，郭生山《宁夏县级公共图书馆现状调研与分析》，王岗《宁夏公共图书馆社区联盟的建设与发展》等。文献学研究，如张欣毅《关于文献信息科学的思考》《文献资源建设和调查评估的理论研究》等。地方文献研究，是产生较多研究成果的方面，如高树榆《宁夏方志评述》，白铁熊《关于地方版图书收藏问题》等。

学术研究对于省级图书馆而言，能够促进实际工作的深入和拓展，二者相辅相成，是事业发展不可分割的保证。对于馆员成果进行必要的汇总和编排，总括式地呈现，能够从整体上把握馆员研究的进展，了解馆员的学术成就和发展，衡鉴专业人员素质和能力，为科学合理地制定事业和业务发展，具有重要的参考价值。因此，出版《宁夏图书馆馆员著述提要（1958—2020)》一书，也是着眼于不忘过往，寄望未来的筹划，既能清醒地从实际出发制定事业发展规划，也有利于馆员更进一步地提高，鼓励馆员展开各项研究，丰富图书馆理论和实践工作。

本书是本馆首次汇集馆员成果进行的一次全方位展示，收录了本馆自成立62年来馆员的研究成果，举凡在本馆工作期间产生的学术成果，均在收录之列。所收成果按一定规则进行合理编排，揭示成果主要信息，体现馆员个人学术研究领域和发展脉络。本书的编纂，经过参编人员多次的研讨，确定了全书的结构、框架，不断核定、补充馆员成果和信息，但由于时间跨度长、工作时间紧，故难免挂一漏万，敬请谅解。

当下，随着图书馆学情报学和档案学专业更名为信息资源管理专业，学科发展与学术研究面临着很大的转型与适应，亟须学术研究跟进。我们也期待本书的出版，能够激发馆员的研究热情，积极参与到新的学术领域和主题的研究，产生更多有价值的成果，为当代图书馆事业的发展作出贡献。

凡　例

一、本书收录了宁夏图书馆 1958—2020 年在馆馆员正式出版的著作和公开发表的论文。

二、本书按照馆员姓氏的汉语拼音音序的顺序进行编排。同姓氏的按照姓名第二个字的汉语拼音音序的顺序进行先后排列。

三、每位馆员的款目下包括基本信息、学术著作、学术论文等内容。

（一）馆员基本信息：姓名、性别、字号、出生年、籍贯、参加工作时间、入馆时间、职称、职务等。

（二）著作信息：书名、责任者、责任方式、出版地、出版社、出版时间、页码、书号、价格和内容提要。

（三）学术论文信息：题名、责任者、来源期刊、发表时间、期刊（卷）期数、起止页码和内容提要。

四、馆员著述的排序按照先著作后论文，按照出版时间先后为序；同一出版年的作品先排有卷期号的，后排无卷期号的。

五、款目格式。

（一）著作格式。

序号 著作题名／责任者及责任方式.——出版地：出版社，出版年.——页码，书号（统一书号或 ISBN），价格.

1. 独立著作

例：01 金代图书出版研究 / 李西亚著.——北京：中国社会科学出版社，2015.——278 页，978-7-5161-6800-4（68.00）.

（内容提要）

2. 合著

例：01 宁夏图书馆志 / 张欣毅主编. ——北京：国家图书馆出版社，2009. ——301 页，978-7-5013-4202-0（90.00）.

分章主编：郭生山（第四章 第五章），95-119 页.

（内容提要）

（二）论文格式。

1. 序号 论文题名 / 责任者 // 期刊名.——发表时间，卷数，期数，起止页码.

例：01 宁夏图书馆馆藏外文教会文献初探 / 郭生山，王宏霞 // 图书馆理论与实践——2006，no.1，2+139 页.

摘要：宁夏回族自治区图书馆收藏有 1 万余册外国古代、近代教会文献。本文概述了这些文献对于早期中西方文化交流的实证价值及其文献本身的版本等方面的价值。

2. 序号 论文题名 / 责任者 // 期刊名：增刊名.——发表时间，起止页码.

例：03 特色地方文献的编目整理——以"山东省社会科学优秀成果奖"获奖作品为例 / 赵巧云 // 山东图书馆学刊：2019 年"变革创新开放融通——法治背景下图书馆发展新路"专辑.——2019，206-208 页.

（内容提要）

3. 专著合集论文（论文集或图书形式出版的期刊）

序号 论文题目 / 责任者 // 所在图书题名 / 责任者及责任方式.——出版地：出版社，出版时间.——论文起止页码.

例：01 基于社会网络分析的图书馆营销论文合著分析 / 马丽娜 // "大数据环境下图书馆发展的机遇与挑战"论文集 / 韩彬，王岗主编.

——银川：阳光出版社，2018.——37-47 页.

（内容提要）

六、款目著录项目、著录项目内容顺序及标识符参考《中国文献编目规则》和《GB/T7714—2015 信息与文献 参考文献著录规则》。

著录项目标识符的书写格式说明：

1. 分段计页用"+"，如 21+121 页；

2. 起止页用"-"，如 45-47 页；

3. 期刊的年卷期用","".""v."和"no."，如 2015 年，v.4，no.2；

4. 析出符号用"//"。

以上这几种项目标识符前后不加空格。

七、本书选取采用的责任方式主要有著、主编、编著、编写、撰，位次选取第一位，其余位次均作参见。

八、书末附《题目索引》，按音序的顺序进行排列，标点符号不参与排序。

目 录
CONTENTS

综　述

一、概述

就省级图书馆而言，实际工作和专业研究并行，是任何发展阶段都不可或缺的构成，此乃图书馆的定位与功能使然，如此，方可成就一家省级图书馆之事业发展。依循此理，对宁夏图书馆的发展进行考量，亦正合此轨迹。揆诸宁夏图书馆60余年发展历程，事业奔进之开启，正是源自1979年后学术研究与实际工作同步提升的时期，二者并轨，稳实发展，积为今日之繁厚。如是观之，则专业研究之于图书馆事业发展，绝非锦上添花之举，实乃事业发展之内涵所需，是图书馆事业发展不可或缺的部分。为此，对馆员研究成果予以揭示，殊可收综辑过往启迪未来之功效，能够激励馆员不断潜心专业发展与研究，进而丰富图书馆内涵，塑造图书馆气质，深化图书馆工作。

检视宁夏图书馆之学术研究工作，可勾勒出一条长期积累后的起步与发展轨迹。1958年建馆后，一切从"无中生有"开始，致力于馆舍、书刊文献、馆员招募和基本服务工作，机构初定，全新起步，各项工作由简单向复合，由浅入深，渐次落实，全部精力放在了开馆工作上，间或有些零星研究，尚无法形成风气。总之，1979年前，由于馆舍不定、人员频出频进等诸多原因，业务工作一直处于基本的实务和读者服务，学术研究工作无论从学术环境和馆员素养方面，均尚不具备。

至 1979 年后，随着业务积累和人员聚集等诸项专业条件的改善，图书馆工作逐渐积累实力，且随着一批图书馆学毕业生的进馆，宁夏图书馆业务工作渐上台阶，业务内涵更为丰富，业务面也不断拓展，图书馆学情报学多个专业方向的理论得以落地付诸实施，实践基础上的学术研究具备了基本的条件和能力，开始产生学术成果。同年，由宁夏图书馆牵头筹建和成立了宁夏图书馆学会，并且恢复建立了宁夏地区图书馆协作委员会，创办发行了《宁夏图书馆通讯》杂志，作为学术研究和成果展示的平台。此举为宁夏图书馆展开学术研究和交流奠定了良好基础，由此助推宁夏图书馆专业研究工作的渐入佳境。1986 年，《宁夏图书馆通讯》更名为《图书馆理论与实践》，并通过邮局面向全国公开发行，成为学术阵地，不仅发表本地区馆员的研究论文，也大量刊登全国各地馆员和师生的专业研究文章，标志着宁夏图书馆学术研究与全国接轨，向全国看齐，学术研究、合作和交流渐多，打开了馆员视野，提升了馆员研究能力和水平，极大地带动了宁夏图书馆馆员的学术研究热情。

2008 年，随着宁夏图书馆新馆的建成和开放，宁夏图书馆事业发展进入了新的阶段，业务工作全面铺展，覆盖所有的图书馆领域和方向，学术研究也同步跟进，产生了大量的学术探索与研究成果。在实际工作中，各种规章制度、工作规程、讲义等业务资料大量编制，使得馆员得到了锻炼和成长，转而展开业务研究和论文撰写，形成了良性循环，对专业工作起到了积极促进作用。其中，张欣毅先生作为中国第四代图书馆学家的入列人物，专业著作和论文硕果累累，且在国内产生较大影响，是宁夏图书馆学术研究的带头人。个人成果突出的同时，张欣毅先生也带动了馆员的业务研究工作，吸引更多馆员开始和深入学术研究工作，形成了良好的学术氛围和态势。

分析宁夏图书馆馆员的学术研究，主要表现方式有三种。

（1）馆内组织的学术成果。作为省级图书馆，宁夏图书馆兼具学术使命，因而在事业发展过程中，十分注重根据业务实际发展，及时组织馆员，展开书目、提要等二次文献的编纂工作。此类图书的编纂，合理组织馆员参与，不仅产生了具有学术价值的图书，也锻炼了馆员的业务与专业能力，是一项值得推崇的业务组织活动。骨干馆员通过编纂图书，以老带新，获得了成长机会，非常有利于人才的养成。自1992年编纂《宁夏地方文献联合目录》始，至2020年，本馆共编撰馆内学术著作8部，体现了各个时期本馆馆员的学术能力和成绩。

（2）参与各学会和学术会议。本馆向来注重参与中国图书馆学会、各种专业行业会议以及西北五省（区）图书馆科学讨论会等本行业学术会议，鼓励馆员撰写论文积极参与。尤其是西北五省（区）图书馆科学讨论会，至2020年已举办了十五届，作为主办或协办单位，本馆每届会议均组织馆员提交论文，积极参与会议。

（3）期刊论文。馆员根据自己的专业方向和兴趣，展开了大量的研究，在各类期刊上发表了大量的论文。这类成果是本馆馆员成果较多的方面，充分反映了本馆馆员多方面研究的深度和能力，同时又反映在工作实践中，提升工作质量，深化工作深度，起到了相辅相成的作用。

（4）其他著述。在做好本专业工作和研究的同时，馆员根据自己的专长和兴趣，展开多学科研究，是馆员多方面的文化素养和成果的反映，如张欣毅先生的地方文化著作《朔之方》，丁力、张欣毅撰写的电视专题片解说词《跨越时空的文明》等。

二、馆员著作成果

学术著作是经过作者长时间沉淀和思考、分析与研究后的成果体现，具有系统的学术价值和影响力，能够对学术和事业发展产生贡献和推动力。1958—2020年期间，宁夏图书馆馆员独著或合著专业著作20部，其中张欣毅独著、主编著作合计8部。其他各种参编和非专业著作出版22部。

本馆馆员参编馆外机构主编的著作共6部。此外，本馆馆员还承担了中国图书馆学会以及宁夏地区其他机构主编的各类图书的分章节撰写工作。

综辑本馆馆员著作，分为专业著作和非专业著作。

（一）专业著作

专业著作，是指出版的图书馆学情报学专业学科范畴的著作，是本馆馆员专业积累和研究的主要成果。这类著作又可分为纯由本馆机构或个人主持主编的著作（简称馆内著作）与本馆馆员参编的馆外机构或个人主持主编的著作（简称馆外著作）。

1. 馆内著作

本馆馆员着手专业著作的编撰工作，起于 20 世纪 80 年代搬入西夏区馆舍后，虽然量不算很多，但对学术研究和业务工作的推动作用，有着深刻的影响。特别是 2007 年，随着新馆建设的启动，宁夏图书馆着手《宁夏图书馆建馆五十周年纪念丛书》（以下简称《纪念丛书》）编修工作（其中《宁夏图书馆馆志》于 2006 年 4 月先期启动），本丛书共七册，分期出版，2016 年《宁夏图书馆馆藏精品集萃》出版后，全部丛书完成。

具体图书的出版，每个时期均有成果。1986 年，高树榆出版了《宁夏方志述略》，作为《中国地方志详论》丛书中的一个分册，它选编了 20 世纪 70 年代末和 80 年代初有关研究宁夏地方志的文章 16 篇，并附录了 20 世纪 30 年代《陇右方志录》和《陇右方志录补》中的有关宁夏方志的记载。该书不仅对宁夏方志的整体情况有简明的介绍，同时对《嘉靖宁夏新志》《朔方道志》《固原州志》等十几种志书的编纂体例和史料价值，也作了较为详尽的评论和剖析，对研究宁夏地方史志有很高的参考价值。

1996 年，高树榆出版《宁夏方志总目提要》，对已知的宁夏 34 种志书进行了综述，并对宁夏 7 部府志、1 部道志、4 部州志、20 部县志、2 部乡土志一一撰写了提要。文中对明代宁夏第一部方志《〔正统〕宁夏志》的考证颇有价值。由于见到原志的复印件，从而纠正了以往误认为是《〔永乐〕宁夏志》和《〔宣德〕宁夏志》的错误。

1991年，丁力、张欣毅合作出版了《中文社会科学工具书实用图表》，将中文社会科学工具书查考过程中常见的问题与常用的工具书加以梳理归纳，编成66幅图表和一个题录字顺表。全部图表分为5种类型：检索策略图表、常用年表历表例解、性质相近之工具书比较图表、常用备查图表、常用工具书题录字顺表。该书对于展开参考咨询工作，具有极大实用价值。

1992年，由高树榆主编的《宁夏地方文献联合目录》，共收入1989年12月31日以前出版的有关宁夏的各类图书、资料、方志，计414种（部）；宁夏区内出版的报纸、杂志以及宁夏区外出版专门研究宁夏问题的报纸、杂志，计324种；散见于报刊中的有关研究、论述，反映宁夏问题的论文或其他资料，计7297篇，本目录共计列出9917个条目。

1994年，张欣毅出版了《现代文献论纲要》，内容涉及文献研究的所有方面，如文献综论、文献信息论、文献主题论、文献形式论、文献结构论、文献流论、文献过程论、文献经济论等，比较全面地阐述了文献学的全貌。

2001年，由《图书馆理论与实践》杂志出版了一期增刊，收录了2009年9月24日在银川召开的由中国图书馆学会、中国西部11省（市、自治区、直辖市）图书馆学会联合举办的"中国西部图书馆事业发展战略暨东西部合作论坛会议"论文。是《图书馆理论与实践》第一次利用期刊平台汇聚研究成果，具有纪念意义。

2008年，由丁力、张欣毅主编的《宁夏图书馆同人文集》出版，本书收录了宁夏图书馆34人的36篇论文的专业学术研讨论文成果，以图书馆学、文献学、图书馆事业和工作研究为主，基本反映了宁夏图书馆专业学术成果的概貌。

2008年，由张欣毅主编的《新时期西北地区图书馆事业创新与发展》出版，该书系西北五省（区）图书馆第九次科学讨论会文集，收录了 67 篇文章。

2009 年，由张欣毅主编的《宁夏图书馆志》出版，该书志载了宁夏回族自治区图书馆自 1958 年建馆至 2017 年期间的历史资料。2018 年，本书获得了中国图书馆学会学术研究委员会主办的"第三届图书馆史志优秀图书"奖的一等奖奖项。

2010 年由丁力主编的《宁夏地方文献导藏书目》，收录了 1958—2008 年宁夏地方出版社出版的宁夏地方文献及相关文献书目，1949—2008 年我国其他地区各出版社出版的中文图书中的宁夏地方文献及相关文献书目，是对馆藏宁夏地方文献起底式的汇总和书目研究。

2010 年，由张欣毅、张京生点校的《(道光) 隆德县续志》出版，该书原件收藏于美国国会图书馆，本书是根据复印资料加以整理、点校出版。

2011 年，张欣毅出版了《公共信息资源共建共享模式研究——基于宁夏区域发展战略的实证分析》，分析了人文本体论的公共信息资源及其认知机制、作为发展观的公共信息资源共建共享、宁夏公共信息资源共建共享现状分析、宁夏公共信息资源共建共享的宏观模式、宁夏公共信息资源的结构模式研究、宁夏公共信息资源共建共享的社会组织模式等内容。

2014 年，白淑春等人出版了《古籍装修知识及其操作技艺》，该书上编为中国古籍装修知识，下编为中国古籍装修技艺，全面介绍了中国古籍的综合知识。

2015 年由韩彬主编的《宁夏回族自治区珍贵古籍名录图录》出版，本书收录宁夏地区 7 家收藏单位的古籍珍品，共计 183 部。基本体现了宁夏境内古籍存藏的概貌，展现了宁夏地区古籍存藏丰富多样以及其独特魅力。

2016 年，由韩彬主编的《宁夏图书馆馆藏精品集萃》出版，本书由宁夏图书馆全部馆藏中精选部分有代表性的文献，以图文结合文字的图文版式，向广大读者进行馆藏推介。

2016 年，白淑春出版了《中国藏书家缀补录》，收录古代、近代（个别跨入现代）的藏书家 356 人，其中标目 336 人，附 20 人，比较全面地介绍了有史以来的藏书家概况。

2018 年，《宁夏回族自治区图书馆古籍普查登记目录》出版，本书是我馆古籍普查工作的阶段性成果，为后期《中华古籍总目·宁夏卷》的编纂出版奠定了基础。本书将我馆馆藏 3067 部 35224 册古籍的基本信息，包括题名卷数、索书号、分类、著者、版本、装帧、册数、定级等进行了详尽的著录，全面反映了我馆所藏古籍的种类、数量以及质量，清晰把握了其存藏状况，是我馆一次高水准的古籍整理工作的结晶，是全国古籍普查工作的重要组成部分，为我馆所藏古籍的保护和开发利用提供了提纲挈领的根本遵循和行动指南，具有重大的学术意义和参考价值。

2018 年，由韩彬、王岗主编的《大数据环境下图书馆发展的机遇与挑战论文集》出版，系西北五省（区）图书馆第十四次科学讨论会文集，收录了 50 篇获奖论文。

2020 年，《宁夏回族自治区二十家收藏单位古籍普查登记目录》出版，本书是《宁夏回族自治区图书馆古籍普查登记目录》的姊妹篇，两书合为"双璧"，完整呈现了宁夏回族自治区古籍普查登记成果。本书采集著录了宁夏回族自治区 20 家古籍收藏单位共计 3826 种 51995 册 178 叶 1 轴古代典籍，完成了对宁夏地区所有古籍的整理著录工作，对文化的赓续传承具有重大意义。

2. 参编著作

除纯由本馆集体和馆员个人出版的著作外，本馆馆员还参与了各类专业和非专业图书的出版。1971 年，高树榆、刘汝琦参加了《中国图书馆图书分类法》第一版（1999 年第四版更名为《中国图书分类法》）的编制工作。1983 年，高树榆、丁力、王文珍参加了《中国古籍善本书书目》的编辑工作。1985 年，高树榆、刘汝琦参加了《中国图书馆图书分类法》第二版的编制工作。1986—1994 年期间，白放良、钱拱辰、刘汝琦、杨桂兰、于建文、郭生山参加了《中国分类主题词表》的编制工作,张欣毅参编了《文献资源建设与图书馆藏书工作手册》。1995 年,张欣毅参编了《当代中国丛书·当代中国的图书馆事业》(分册)。2002 年,张欣毅参编了《中国西部地区信息服务业发展研究》。2009 年,王岗参与了《宁夏通志》(文化卷)的编写工作。丁力、沈丽英、张京生、菊秋芳、张莉、吕晓佩、张雅妮参与了历年的《中国图书馆年鉴》编撰工作。王紫臣、蒲涛、杨蕾、肖群参与了《宁夏文化蓝皮书》的编写工作。丁宁宁参与了《民国时期宁夏文献集成》和《数字时代图书馆与情报服务研究》。

(二)非专业著作

图书馆事业,既需要专业性,也需要综合知识,馆员根据自己的文化素养和兴趣方向,进行文化知识积累和兴趣培养,积累起深厚的个人能力,撰写出各类专业著作和文章,也是馆员素质和能力的一种反映,亦能有助于在工作中深入文献内容,进行深度服务,是一种有益于业务工作和个人提升的行为。宁夏图书馆馆员由于自己的曾经的职业或者个人文化积累等,撰写和参与了很多其他专业的著作。

1979 年,高树榆写作了《昔日宁夏漫谈》,本书以章回体的形式,对辛亥革命到解放前夕宁夏的历史做了较为详细的叙述,该书 1981 年获宁夏社会科学论著三等奖。

1998 年,张欣毅写作了《朔之方——宁夏历史文化随想录》,是学者散文集,内容包括对水洞沟文化、新石器文化与贺兰山文化、六盘山怀古等的发散式思考与文学表达。

2006 年,张欣毅主编的《宁夏民盟》出版,本书反映了宁夏地区有民盟组织活动以来的发展史。包括概述、大事记、文献辑要、重大事件、图片、宁夏民盟人物介绍以及附录等方面的内容。

2006 年,张欣毅主编《石嘴山民革 55 年》,本书反映了石嘴山地区民革组织活动以来的发展史。包括概述、大事记、文献辑要、重大事件、图片、人物介绍以及附录等方面的内容。

2020 年，郑素萍出版了《民国宁夏财政文献辑录》，本书主要以民国时期宁夏省政府训令、指令、批示、公函、布告为主，文献内容涉及民国时期宁夏省政府概预算、收支运转，税收、粮饷、贸易，社会求助、物资储备、无线电台，人事任免等诸多方面。

2000 年，由韩彬策划的电视专题片《历史的记忆——宁夏古塔寻踪》制作完成，该片共 10 集，详细记录了宁夏境内现存古塔的概况、建筑艺术、保护与修缮情况。

此外，1993 年，邱勇参与了《中国素质教育创新研究》，尹光华参与了《宁夏政报 1950—1954》《宁夏旧方志集成》，李沛参与了《宁夏电影史话》的编写。

三、馆员论文成果

1958 年建馆之时，临时馆舍，13 名职工，力量薄弱，且开馆阶段，一切从头，还谈不上从事专业研究工作。时至今日，已无资料记载，1959 年 7 月，宁夏图书馆以集体名义在《武汉大学学报》（人文科学版）上发表了《我们是怎样选定"武汉大学图书分类法的"》一文，可视为本馆馆员最早发表的专业论文。同年 10 月，仍以集体名义在《图书馆学通讯》（现《中国图书馆学报》）上发表了《宁夏回族自治区图书馆事业在发展》的专业文章。此后，虽然数量不多，但馆员始终在不间断撰写发表专业文章。

1979 年，对于本馆学术工作而言，是具有里程碑意义的年份，《宁夏图书馆通讯》创刊，为馆员提供了专业交流平台，无形中激发出了馆员的研究热情，极大地促进了宁夏图书馆专业学术研究的进展，经过此后多年的培养和建设，逐渐形成了以高树榆、丁力和张欣毅为学术带头人的学术研究队伍，专业学术领域不断拓展、学术研究质量不断提高，产生了较多有影响力的学术成果。

本馆馆员的论文，发表载体主要有期刊和论文集两种，期刊论文是个人研究的成果体现，以发表在国内公开发行的期刊上的论文为统计源；论文集则包括期刊增刊合集、会议论文集、论文集等多种方式，凡正式出版或具有内部出版物编号的图书中收录的论文，均视为统计源。

（一）论文发表情况统计

本书统计有相关成果的馆员共计 139 人，其中，男性馆员 56 人、女性馆员 83 人。通过馆员个人提供论文信息以及编辑人员在中国知网中进行姓名与单位检索，139 名馆员共计发表论文 517 篇（为提高统计准确性，本馆人员合著的论文只计数至第一作者名下），其中，男性馆员发表 216 篇、女性馆员发表 301 篇。

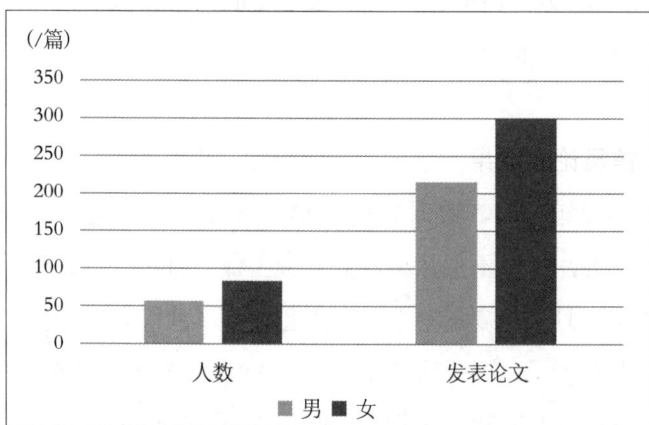

图 1　宁夏回族自治区图书馆馆员人数及发表论文情况

统计论文发表年份后发现，本馆馆员发表的论文数量总体呈上升趋势。具体说来，改革开放以及进入 21 世纪是两个提升幅度较大的分界点。1981—1990 年代发表的论文数量是 1959—1980 年代的 4 倍左右，2001—2010 年代较 1991—2000 年代翻了一番，2011—2020 年代较 2001—2010 年代又翻了一番。

发表在图书馆学情报学专业期刊（含论文集）上的论文共计 357 篇，其中，发表于《图书馆理论与实践》（含《宁夏图书馆通讯》）的 274 篇、发表于论文集及学术刊物年刊的 28 篇、发表于《图书馆》刊物的 9 篇、发表于其他图书馆学情报学专业期刊的 46 篇。

年代	1959—1980	1981—1990	1991—2000	2001—2010	2011—2020
篇数	14	51	59	104	289

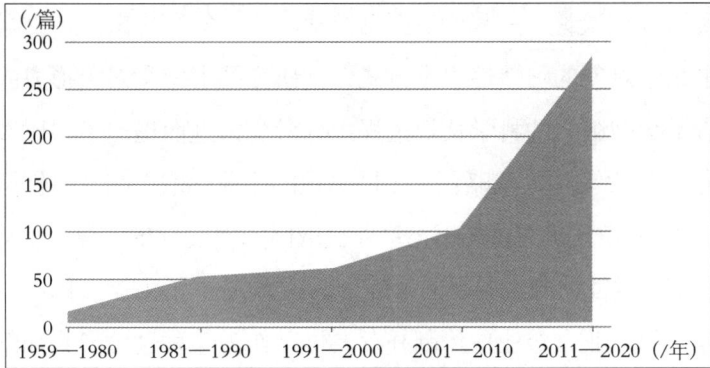

图2　宁夏回族自治区图书馆馆员论文发表年代

年代	2011	2012	2013	2014	2015	2016	2017	2018	2019	2020
篇数	25	43	25	33	26	23	26	44	24	20

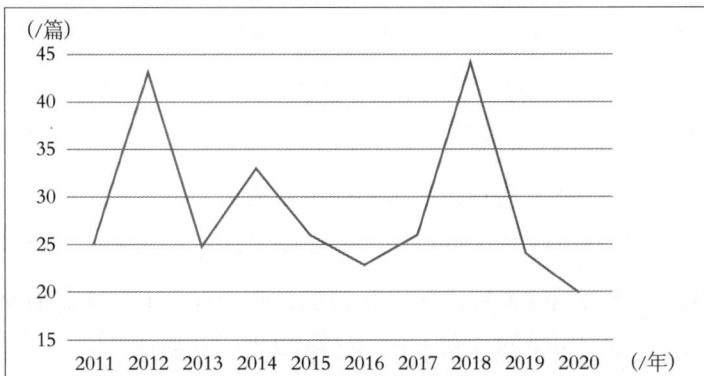

图3　2011—2020年宁夏回族自治区图书馆馆员论文情况

（二）论文主题分析

1. 基础理论研究

基础理论研究是图书馆学研究涉及面最广的领域，本馆馆员注重此方面研究，而且贯穿始终，代表性的论文简述如下。1987年，高树榆《图书馆员的素养》，1990年《图书馆员与读者的关系》等文章，对图书馆员这一职业角色展开研究，就其工作性质、应具备的条件和素养以及与读者的关系等方面，进行了系统的阐述和揭示。1982年，张欣毅的《层次说——我们对图书馆学研究对象的认识》一文抛开探讨图书馆学对象的习惯性思维方式，把研究图书馆学对象形成的不同观点置于图书馆学的科学认识过程综合考察，进而提出了"层次说"。1986年，张欣毅《大战略：关于图书馆的产业化取向与"一馆两业的构想"》一文在分析讨论图书馆产业化取向的现实背景、现实意义以及与图书馆公益性原则之关系的基础上，认为"一馆两业"，即在一馆内事业体制与产业（企业）体制并存，可以作为某种过渡形式加以构想与创设。1990年，张欣毅《建国40年来图书馆服务方式的发展综述》一文，对中华人民共和国成立40年来我国图书馆服务方式的发展状况进行了系统总结，认为经过40年来图书馆工作者们的艰苦努力，读者服务方式日益向深度和广度拓展，逐步形成了多样化态势，初步奠定了读者服务走向现代化的基础。1991年，甘振军《图书馆与书店》一文辩证地分析图书馆与书店的差别及密切关系，认为两者应加强各自的业务建设工作，相互支持，共同发展。1993年，白铁熊《关于现阶段省级公共图书馆基本任务的思考》分析省级公共图书馆的现状和存在的问题，继而认为省馆的首要任务是为广大人民群众服务，第二位的任务是为科研服务。1993年，王大伟《困难与希望》一文分析当时我国公共图书馆的发展现状，认为应该转变对公共图书馆性质的认识及服务方式，改革公共图书馆的人事制度，从而使公共图书馆摆脱困境。1993年，于建文《市场经济给图书馆界带来的思考》一文从转变观念、打破传统模式、走出行业系统圈子、提高从业人员素质等方面，对图书馆改革所面临的挑战和机遇进行思考和探讨。1999年，赵笙、张欣毅《图书馆是一个生长着的有机体——图书馆学新老五定律引发的思考》一文，从图书馆学新老五定律的多角度、多层面比较中引发思考，分析新老五定律各自的时代特征及相互间的内在逻辑关联，着重探讨新时期"我们这个职业的有机生长点"。2002 年，张欣毅《触摸那只无形的巨手——基于公共信息资源及其认知机制的认识论》一文重点阐述了对"文献本体与文本本体""信息资源及其道器二元建构""人类认知世界的再识机制""认知金链""公共信息资源的认知机制""信息认知情境与超文本认知"等命题的认识。2002 年，王岗《图书馆员与读者》一文，从图书馆员在图书馆服务中的作用论述了"图书馆员第一"的意义及"图书馆员第一"与"读者第一"的关系。2003 年，张欣毅在《超文本范式——关于公共信息资源及其认知机制的哲学思考》一文中创构了"公共信息资源及其认知机制"这一用以表征拟建的图书馆学与情报学理论新范式的基础性、本体论性质的范畴概念，侧重讨论与研究其科学哲学层面上的最基本问题——核心架构。2004 年，肖群《图书馆员职业道德建设新论》一文认为图书馆员职业道德建设应从整体性职业集团的职业精神和行为规范出发，强化图书馆员的社会责任感和职业观念，使其更好地履行自己的职责。2005 年，张欣毅《回眸一个科学本体论的进化史——基于公共信息资源及其认知机制的本体论观照》一文以作者倡构的"公共信息资源及其认知机制"新范式为参照，分析了国内外业界科学范式观转移的范畴逻辑史，阐述了蕴藉于"公共信息资源及其认知机制"的科学本体论认知升华。2010 年，张欣毅《PIR&CM 作为一种公共信息文化共同体》一文，阐述了 PIR&CM，即公共信息资源及其认知机制，是作者本人创构的一个用于表征图书馆事业之社会价值本体论即人文本体论的范畴。PIR&CM 的一般结构性要素可抽象为公共及其认知、（狭义）公共信息资源、认知机制。依据社会价值工程理论，"公共及其认知"体现着具有核心价值意义的"主体间关系定位"；"信息、知识、情报／文献、文本"只是资源维的两组前提性概念，社会信息资源与公共信息资源则是两个带有深度关联与转换关系的价值形态；认知机制乃是关于公共信息资源认知维的理论抽象。在综合的意义上，PIR&CM 是一种"基于认知世界的社会价值本体论"，也可称为一种公共信息文化共同体。2012年，张欣毅《现代公共图书馆面面"观"》，系作者在《华兴时报》上为宁夏图书馆开办的"阅读新视界"专栏撰写的专栏文章合集，阐述了作者"现代公共图书馆面面'观'"俨然就是现当代公共图书馆行业具有理论自觉、文化自觉、职业自觉多重意义之"话语体系"全景扫描与深度梳理。

2. 事业发展研究

宁夏图书馆成立于1958年，综辑全国省级图书馆概况，本馆正好是中华人民共和国成立后，党和政府建设的第一所大型省级图书馆，具有象征意义。图书馆事业发展，一直在党和政府领导和支持下稳步发展，至今已颇具规模，在为大众服务中起着重要作用。馆员在工作实践中，不断探索，展开思考，产生了大量的研究成果。这些论文，包括工作内容的分析、经验总结、趋势展望等方面，覆盖了视野发展的所有细节，举证了馆员的工作能力、工作深度和对事业发展、业务拓展的思考。

有关图书馆事业及工作方面的研究论文主要有以下内容。1980年，丁力《对发展我区图书馆事业的几点设想》一文分析宁夏图书馆事业的发展状况及存在问题，并就如何更快、更好地发展宁夏的图书馆事业提出建议和设想。1980年，高树榆《试谈把图书馆办成一个社会事业》一文回顾了我国图书馆发展的历史，结合我国改革开放、实现四化建设的发展形势，从社会发展、科技发展两个方面阐述对我国图书馆事业发展大趋势的认识。1980年，白铁熊《应该尽快恢复银川地区图书馆协作委员会》，呼吁尽快成立图书馆协作委员会，建立图书馆协作网。1981年，饶钰馗《记忆中的延安鲁艺图书馆和中央图书馆》（署名残石）一文，记述作者在延安的亲身经历，介绍了延安鲁艺图书馆和延安中央图书馆的情况。1987年，钟宪如《要重视发展汽车图书馆》一文针对宁夏图书馆事业的发展状况，认为应该积极而有计划地发展汽车图书馆，从而缓解因图书馆数量不足产生的矛盾。1988年，高树榆《三十而立》一文通过作者的亲身经历，见证宁夏图书馆建馆三十年的发展历程，并对其发展过程中存在的经验教训进行总结、梳理。1988 年，钟宪如《坚持正确方向，促进宁夏公共图书馆事业的更大发展》一文，回顾了自治区成立三十周年到来时，全区图书馆事业的发展状况，展望了今后的发展动向。1988 年，钱拱辰《宁夏图书馆三十年的发展》一文阐述了宁夏图书馆建馆 30 年间所取得的主要成就，总结了管理工作中的经验教训，以期探索正确的发展之路。1990 年，张欣毅《80 年代我国图书馆读者调研活动述评》，阐明了对读者状况进行调查研究是图书馆读者服务工作的重要组成部分。为了有效地开发利用图书馆馆藏书刊文献资源，提高服务工作的水平、质量和效率，必须对读者文献与情报需求等情况有所研究，有所掌握，以获得一些规律性的认识，这一要求不断推动着读者调研活动的开展。1990 年，张欣毅《建国四十年来图书馆服务方式的发展综述》一文，新中国成立四十年来，随着社会主义革命和社会主义建设对文献资源开发与利用的需要的日益增长，图书馆工作重心，逐渐由业务基础性建设转移到读者服务方面，形成了以读者服务为中心的图书馆工作体制新格局。经过四十年来图书馆工作者们的艰苦努力，伴随着图书馆各项社会职能的开拓与发挥，读者服务方式也日益向深度和广度拓展，逐步形成了多样化态势，初步奠定了读者服务走向现代化的基础。2000 年，闫秀芳《关于民族贫困地区图书馆为本地区经济文化建设服务的思考》一文认为贫困地区图书馆要想为本地区经济文化建设提供切实有效的信息服务，必须紧紧抓住党中央实施西部开发的政策机遇，争取社会各界的积极支持，使图书馆事业快速发展。2007 年，张欣毅《宁夏新农村公共文化服务管理体制调研报告》，在实地考察调研和相关文献分析的基础上，归纳和分析了宁夏农村公共文化服务体系的基本状况与管理体制方面存在的 4 类突出问题，从城乡一体化公共文化体系的宏观布局与体制调整、农村公共文化行政管理体制改革、规划体制和投入体制改革、文化项目拉动整合、人事制度改革等几个方面探讨了宁夏农村公共文化管理体制的改革与完善。2009 年，丁力、张欣毅、王岗《宁夏图书馆 50 年发展回眸》一文，回溯了宁夏省立图书馆的历史沿革，叙述了宁夏回族自治区图书馆成立 50 年来的发展历程及取得的成就。2009 年，王岗《宁夏公共信息资源区域协作联盟的建设构想》一文，根据宁夏地区的实际情况，提出了构建宁夏公共信息资源区域协作联盟的框架：一是建立实体图书馆联盟，包括构建公共图书馆系统内的实体联盟，二是建立数字图书馆联盟。2010 年，张欣毅《政府主导是公共信息资源共建共享的基础与保障》一文，探讨了政府主导在公共信息（文化）体系构建、公共财政资金支持与保障、公共信息（文化）法律和政策的制定与实施三个基本方面的发展。2011 年，张欣毅《朝向公共信息文化共同体的公共图书馆发展观重构——基于"公共图书馆免费开放"的超文本思考》一文，就文化部、财政部《关于推进全国美术馆、公共图书馆、文化馆（站）免费开放工作的意见》的内容和精神，提出构建现阶段公共图书馆事业发展的理论体系，即"朝向公共信息文化共同体的公共图书馆发展观"和"新公共图书馆学"。2017 年，郭生山、张明乾、蒲涛《宁夏县级公共图书馆现状调研与分析》，通过实地调查访谈、问卷调查、数据分析等方法，对宁夏县级公共图书馆的馆舍建筑、馆藏资源、数字化进展和人员组织等方面进行总体调研与分析，真实地呈现了宁夏县级公共图书馆当下的发展状况，并通过对现状的进一步分析评价，提出了切实可行的发展思路与建议。2019 年，王岗、张明乾、李刚《宁夏地区乡镇、村图书馆服务发展路径研究——原州区乡镇、村图书馆服务现状调查》一文，根据对宁夏回族自治区固原市原州区乡镇公共图书馆服务现状的调查，发现原州区乡镇、村图书馆存在行政推动与内源发展不平衡、乡镇公共图书馆服务的人力资源配置比例失衡、文化服务资源配置和服务对象错位、"路网连城乡"效率低等问题，并针对上述问题提出促进宁夏地区乡镇图书馆服务更好更快发展的建议。2020 年，陶爱兰《西北地区省级公共图书馆文化精准扶贫现状与问题研究》一文，采用网络调研、文献检索、电话及微信咨询等方法，从文化扶贫资源、文化扶贫举措、文化扶贫专业队伍、合作扶贫四个方面对西北地区省级公共图书馆文化精准扶贫现状进行了调研，分析了西北地区省级公共图书馆在文化精准扶贫中存在的问题，并提出相应的对策与建议，以期为省级公共图书馆更好地开展文化精准扶贫工作提供参考和借鉴。2020年，马丽娜《跨系统区域图书馆联盟建设路径选择——以西北地区为例》一文，构建西北地区图书馆联盟是推动区域优势资源整合、提升区域图书馆整体服务能力与水平的有效途径。文章简要回顾了西北五省（区）图书馆合作现状，探讨了构建西北地区图书馆联盟可行性及联盟面临的制约因素，从因素分析、内容建设及实践路径分析了联盟建设的路径选择。

3. 业务研究

1979年，高树榆《谈谈搜集地方文献中的几个问题》，探讨了地方文献收集过程中主题与地域等方面的问题。1982年，张欣毅《介绍几种改用新分类法的办法》一文对我国一些公共图书馆改用新分类法后目录与排架相应调整应采取的方法，进行了分析、探讨。张欣毅《分面分析与检索语言》一文认为在自动化分类与主题标引的前提下，分面分析有望成为一切情报检索语言的方法论基础并内化为散组后组式这一最高境界之检索语言的深层结构。1986年，张欣毅《浅谈读者工作学科的科学体系》一文认为读者工作学科是关于图书馆读者工作的规律、原理和方法技术的一门学科，是现代图书馆工作体系的重要分支。读者工作学科体系主要包括基础理论、读者学、读者教育学、读者服务学4部分内容。1986年，于建文《从传统形式到标准化——〈西文文献著录条例〉学与用》一文，对于西文文献著录条例进行了解读和分析。1990年，高树榆《宁夏古代刻书与藏书初探》，对宁夏刻书开始时间、发展情况、藏书情况进行了简要的介绍和分析。1993年，王大伟《国外专利文献检索——兼论德温特专利文献索引》针对具体文献的检索进行了探讨。1994年，张欣毅《试论文献的编排结构》一文，认为文献的编排结构是文献实体的表层结构，它与文献内在的功能性结构呈对应关系。对 1996 年，周天旻《艺术类图书不宜采用"双重排架法"》对特殊类别的图书排架进行了探讨。2006 年，郭生山《〈中国机读目录格式使用手册〉编目例析》一文，对《中国机读目录格式使用手册》中有些不完整、不确定的情况进行了列举分析。2011 年，白淑春《藏书印章初识》一文，对古籍藏书印章，对其发展的历史变化及成就进行了学习和初识。2016 年，韩彬《公共图书馆宣传推广机制构建》，建立公共图书馆宣传推广机制利于全面提升社会效益，服务群众生活。在分析公共图书馆宣传推广重要性和特点的基础上，提出构建公共图书馆宣传推广机制的举措，以期提升公共图书馆的利用水平。2017 年，张莉《公共图书馆新服务开发过程中的读者参与研究》，读者参与公共图书馆新服务开发可以提高新服务开发的针对性、有效性和创造力。文章从读者参与公共图书馆新服务开发的相关概念出发，阐述了读者参与公共图书馆新服务开发的三种模式：读者概念源参与模式、读者全程参与的合作模式和读者全程参与的独立模式，同时，从搭建适合读者参与的组织环境、建立健全读者参与的规章制度和激励机制等方面提出了使读者更有效地参与新服务开发的具体路径和策略。2018 年，张明乾《图书馆空间再造与功能重组转型的实践与思考——以宁夏回族自治区图书馆为例》，结合实施了综合服务能力提升项目，设置了新的服务空间并进行业务拓展，运行一年多来，取得了良好的社会效益，文章通过分析宁夏回族自治区图书馆在空间再造和功能重组转型中的一些做法，提出了公共图书馆在空间再造和功能定位中的几点启示。2020 年，张雅妮《图书馆对 9～12 周岁少年儿童阅读专注力培养策略的研究》一文，文章分析了 9～12 周岁少年儿童专注力的特点及影响少年儿童阅读专注力的因素，提出图书馆培养 9～12 周岁少年儿童的阅读专注力需要创造良好的阅读环境、提供便利的阅读条件，培养兴趣、激发阅读专注的自觉性，定期或不定期举办图书推荐、诗歌（散文）朗诵、读书分享等丰富多彩的主题阅读活动，使少年儿童在活动中培养阅读专注力，养成专注阅读的习惯。

4. 文献学研究

作为省级图书馆，宁夏图书馆肩负着保存文化遗产的重任，馆藏建设历来是重头业务工作。因此，对藏书、文献的研究工作一直在进行。产生的成果包括文献分析、文献调研、书目汇总和选编等。有关文献学方面的研究论文主要包括以下内容。1982 年，张欣毅《藏书布局模式初探》，系统思想的指导下，探讨可以为众多图书馆采用的基本方法和参考模式。1983 年，丁力《中国的古典文献索引》一文阐述中国古典文献索引发展的历史，认为可分为 3 个阶段，即第一阶段为明末清初，第二阶段为五四运动后，第三阶段为中华人民共和国成立后。1987 年，张欣毅《关于文献信息科学的思考》一文在考察文献信息业的发展及其理论需要变化的基础上，认为应该建立文献信息业整体意义上的理论体系——文献信息科学。文章论证了进行这种科学观转变的必要性和可能性，讨论了文献信息科学的基点研究的基本范畴、层次和主要内容。1988 年，杨文光《我国原始社会文献形态考略》，文献发展历史，学者大都自殷商甲骨文献始论。由于迄今未见夏朝文献实物，实际即是从奴隶社会说起。而再追本溯源，则当自原始社会寻根。1989 年，张欣毅《意义深远 构思恢宏——"全国文献资源调查"述评》一文通过对"全国文献资源调查与布局研究"的总体目标、预期成果、实施步骤与工作难度的分析，认为这是一次有胆识、有远见，意义深远的工程，其构思恢宏，独具特色，适合国情；张欣毅（与黄新、肖自力合著）《文献资源建设和调查评估的理论研究》一文对"全国文献资源调查与布局研究"课题成果所体现出来的对于我国文献资源整体化建设若干重大理论问题的研究进展进行总结性论述。1999 年，由张欣毅参与撰写并统稿的《全国文献资源调查与布局研究——用户调查研究报告》一文，通过分析在全国进行调查后得到的各种详尽的统计数据，对于用户利用文献情况与满足需求程度进行了深入的阐述和研究。1992 年，张欣毅《文献信息过程的跨学科研究》一文综合吸收借鉴图书馆学、情报学、信息学、文化学等学科成果，将社会文献信息过程在宏观上划分为两大既相对独立又辩证统一、互相联系的子过程，即人类文化信息的文献化与文献信息的交流，就社会文献信息过程进行跨学科的理论探讨与说明，试图恰当地揭示出文化信息文献化与文献信息交流的功能、结构与基本的理论价值。1993 年，张欣毅《关于文献主题之研究》一文着眼于文献发展的宏观与本体视角，超脱出有关文献工作的不同学科关于文献主题这一范畴概念的操作性研究，对文献主题的基本含义、语用价值、类型与结构、逻辑—语言—知识范畴三大层面等重大基本问题进行重新审视和研讨。张欣毅《试论文献过程经济运行的主体方式》一文从经济学的角度考察文献创作、编辑出版、印刷、交流消费的社会过程，认为其本质就是文献价值的形成、增值和消费实现的过程，而文献社会过程的经济运行方式则是维持与刺激过程的杠杆和基本的经济控制机制，其主体方式包括著作权经济保护、文献价格体系、经济管理体系和相关经济政策等。1997 年，白放良《中国古籍刷印用纸简介》一文对中国历代书写、印刷古籍图书的纸张品类、性质和特点，进行介绍、探讨。1998 年，吴月英《中外文图书著录浅识》，介绍了中外文图书文献著录的相关事项。2012 年，张欣毅《公书林清话》介绍了清末民初，著名藏书家、版本学家叶德辉先生集毕生藏书、版本研究之心得，以笔记体裁形式写就了 10 卷本的《书林清话》。该书自问世，便广受相关领域士子学人们的青睐。2018 年，王宏霞《近现代文献大型书目举要》，对近代以来中国百余年间产生出巨量的文献进行了梳理。2020 年，丁劼《关于近现代报刊文献数据库建设相关问题的思考》，从数字化趋势、古籍数字化技术、近现代报刊资料具备的数字化条件、特色优势等方面对建立近现代报刊文献数据库的可行性进行了分析。

5. 地方文献研究

地方文献是公共图书馆的特色馆藏，属于全面收藏的文献类别，是图书馆展开特色文献建设的重要领域，宁夏图书馆专设地方文献采购、编目和典藏管理一条龙体系，全力保障地方文献工作的顺畅进行。

对于此类文献的研究成果，也层出不穷，形成本馆特色。

有关地方志、地方文献方面的研究论文主要有以下内容。1979 年，高树榆《谈谈搜集地方文献中的几个问题》一文对地方文献的搜集范围、搜集重点、搜集方法等方面的问题进行探讨。1980 年，高树榆《宁夏方志考》一文对宁夏的 9 部地方志书的编纂、刊刻情况进行了详细的考证、研究。1980 年，白铁熊《关于地方版图书收藏问题》，认为省馆应根据本地区的客观需要和馆藏基础，确定采选方针、有计划地补充书刊，逐步形成具有一定地方特色的藏书体系。1982 年，赵志坚《〈银川小志〉初探》一文对清乾隆年间编修的宁夏志书《银川小志》的内容、特点、价值等进行阐述、探讨。1993 年，高树榆《宁夏方志评述》一文对宁夏现存的 34 种地方志书按照明代、清代、民国三个时期分别做了概括性的介绍与评述，并对明代几部有争论的志书提出了自己的见解。1999 年，张欣毅、张京生《〈（道光）隆德县续志〉所用隆德古称考辨》一文对《（道光）隆德县续志》这部稀见方志中所用的隆德古称：月支（氏）、朝那、德顺、羊牧（隆）、隆德、邢洛等逐一进行分析、考证。2001 年，张欣毅、张京生《（道光）隆德县续志介评》一文对流失海外的珍稀方志《（道光）隆德县续志》的编修情况、体例、内容及价值进行介绍和考证。2002 年，张蓓《新编宁夏志书简述及思考》，对新编志书作了简述并就体例类目中的一些具体问题提出自己的观点。2009 年，张京生、尹光华《略论宁夏地区古籍普查与古籍保护工作的开展》，对宁夏地区的实际情况，对于如何贯彻落实国务院文件精神，认真做好宁夏地区的古籍普查与古籍保护工作，进行了一些有益的探讨。2020 年，张明乾《地方特色数字资源建设的实践与思考——以宁夏回族自治区图书馆为例》一文，以文化共享工程地方特色资源建设、宣传推广为例，介绍了宁夏回族自治区图书馆十多年来地方特色数字资源建设实践，梳理总结了地方特色数字资源建设中遇到的问题，并提出合理化建议，旨在为地方特色数字资源建设的发展提供借鉴与思路。

6. 其他

馆员在专业之外，也撰写了一些文化类文章，虽然数量不多，但文章文化内涵丰富，在知识性和可读性方面颇有可取之处，如 1986 年，丁力《智利公共图书馆见闻》一文记述作者考察、访问智利的见闻，并介绍智利公共图书馆管理工作的特色。1997 年，张欣毅、丁力《跨越时空的文明——中华五千年的文化记录与记录文化》系列文章，该文是同名大型电视专题片的文稿，对中华文化进行了深入的介绍和分析，具有文化价值。

四、小结

总括宁夏图书馆 60 余年的发展历程和学术活动，对学术成果和馆员研究加以梳理，从中既可以看到宁夏图书馆前辈们在过去年代奋发进取、壮大事业的过程，对他们毫无保留的奉献精神保持敬仰，也能体悟到他们丰厚的积淀。图书馆发展的过程，他们留下了深刻的烙印，是我们不断汲取养分的财富。当然，也能看到后辈们对前辈务实进取传统的继承和学术的传承和发扬，图书馆的发展，是一脉相承的，只要这样连续地积累，我们的图书馆事业自会一直延续上升势头，建设更加现代化的资源体系和服务体系，达成所有人的理想。

当然，就学术研究而言，尽管有成绩，但也存在着多方面的不足，比如缺乏学术领军人物，缺乏学术团体的集体研究，学术研究的领域有待拓展，学术研究的深度有待深耕，学术研究的总体质量有待提升，学术研究的影响力还不强等。这些问题，正是宁夏图书馆在管理中一直在着力改进的方面，比如建立各专业委员会，职称和晋级学术绩效考评，《图书馆理论与实践》期刊对馆员学术文章予以指导和修改以及通过宁夏图书馆学会牵头展开研究和专业图书编撰工作等措施，尽可能为馆员学术研究提供便利，激发馆员的研究热情，鼓励多出成果。我们也期待更多馆员在学术研究方面强化已有选题、拓展新选题，潜心有为，在未来取得更加丰硕的学术研究成果。

安建平

女，1962 年生，陕西人，1986—2017 年在馆，馆员。

著作

01 宁夏回族自治区图书馆古籍普查登记目录 / 《宁夏回族自治区图书馆古籍普查登记目录》编纂委员会著，本书编委会编. 北京：国家图书馆出版社，2018. ——240 页，978-7-5013-6522-7（160.00）.
   编委：安建平
   参见 韩彬著作 05

论文

01 提供信息资源　服务西部建设 / 安建平 // 图书馆理论与实践.
   ——2003，no.5，63-64 页.
   摘要：就图书馆如何在西部大开发中发挥其职能作用，为提高公民综合素质以及为西部的企业及农业发展提供文献信息服务阐述了自己的观点。

02 《朱子年谱》上的焦循题记 / 尹光华，安建平 // 图书馆理论与实践. ——2010，no.5，63-64 页.
   参见 尹光华论文 04

白彩媛

女，1982年生，宁夏中卫人，2010年入馆至今，馆员。

论文

01 浅议公共图书馆开架图书的剔除——以宁夏图书馆为例 / 白彩媛 // 内蒙古科技与经济. ——2016，no.1，112-113页.

摘要：以宁夏图书馆为例，阐述了公共图书馆藏书剔除的必要性、剔除标准和工作程序，并对宁夏图书馆在藏书剔除过程中存在的问题进行分析，提出了改进措施。

02 图书馆与出版社、书商在阅读推广中的角色互补 / 白彩媛 // 内蒙古科技与经济. ——2016，no.16，132-133页.

摘要：从产业链的角度分析了图书馆与出版社、书商之间的关联，并分别对图书馆界、出版界、书商的阅读推广做了概括性介绍，通过分析图书馆、出版社、书商在阅读推广中的角色优缺点，参考目前国内最新研究成果，提出图书馆与出版社、书商在阅读推广中的合作模式，为今后阅读推广的跨界合作提供了借鉴。

白放良

男，1940 年生，陕西西安人，1970—2000 年在馆，研究馆员（副处级）。

著作

01   中国分类主题词表 /《中国图书馆图书分类法》编委会编；刘湘生主编.
——北京：华艺出版社，1994.——6 册，7-80039-884-6（800.00）.

参编 U 大类交通运输 U1-U2 类目：白放良

内容提要：本词表是在《中国图书馆图书分类法》（含《中国图书资料分类法》）和《汉语主题词表》的基础上编制的一体化情报检索语言。这部分类主题词表的编成，对我国图书馆和情报机构文献管理及图书情报服务的现代化具有重大意义。本词表分 2 卷 6 册，第一卷为"分类号—主题词对应表"（2 册），第二卷为"主题词—分类号对应表"（4 册）。"分类号—主题词对应表"部分以《中国图书馆图书分类表》第三版为主体，将《汉语主题词表》的全部主题词置于相应类目下；"主题词—分类号对应表"部分以《汉语主题词表》的字顺表为主体，增加了大量主题词串，并将《中国图书馆图书分类法》的全部分类号置于相应主题词或主题词串下。本词表是当时我国规模最大的分类法主题法一体化情报检索语言，共收录分类法类目 5 万余个，主题词及主题词串21 万余个，包括哲学、社会科学和自然科学所有领域的学科和主题概念，适用于各种类型图书馆和情报检索机构对文献进行分类标引和主题标引，既可用于手工检索系统，也可用于计算机检索系统。

02 古籍装修知识及其操作技艺 / 白淑春，蒋银凤，白放良著. ——银川：宁夏人民出版社，2014. ——306 页，978-7-227-05939-4（39.90）.
　　分章著：白放良
　　参见 白淑春著作 01

论文

01 新建的宁夏图书馆 / 白放良 // 宁夏图书馆通讯. ——1981，no.2，1-5 页.

　　摘要：宁夏图书馆新馆位于银川市新市区（现银川市西夏区），占地面积总计 23800 平方米。宁夏图书馆，这座塞上知识宝库的建成，使我们更加认识到这样一条经验：图书馆的建筑设计绝不可草率从事，急于求成。宁夏图书馆新馆胜利竣工，从设计、施工和使用上还存在一些不足之处，但从整体来看，新馆设计基本上符合使用要求，仍不失为目前国内较好的图书馆建筑，亦是我区建筑史上的一朵新花。

02 中国古籍出版与收藏情况的探析 / 白放良 // 图书馆理论与实践. ——1997，no.2，52-54 页.

　　摘要：中国古籍用纸，相互交错产生、使用、更替，优者延续数代至今仍在生产、使用，某些品种早已不再生产了，但传世古籍却为我们留下宝贵的佐证。了解古籍用纸的时代、性能，是版本鉴别的重要环节之一，而在修补古籍中，配纸恰当、考究，亦是提高装修质量的关键所在。

03 同书异名与同名异书 / 白放良，白淑春 // 情报杂志：'98 图书情报科学研究年刊（下）. ——1998，107-108+17 页.

摘要：我国古籍浩如烟海，寻找查阅本属不易，而由于种种原因，书名又出现一些"同书异名"和"异名同书"的复杂情况，把书名问题搞得非常混乱，既给查检工作带来诸多麻烦，也是古籍文献整理工作中需要认真对待的问题之一。

04　中国古籍知识漫谈——书名 / 白放良，白淑春 // 当代图书馆.
　　——1999，no.1，47-51 页.

　　摘要：当我们翻开现代的任何一部书，包括标点新印的古籍，其内容结构体例包括：书脊和封面上的"书名"，基本揭示了本书的内容；个人、集体或单位的"著者"，标以"著""撰""编""编著"等不同类型的著作方式；正文前的"目录""序言"（自序或代序）或"再版说明"等，使我们了解成书的经过、目的及其价值；正文之后，有的书还有"后记""参考书目""索引"等，从而构成一部较为完整的书的形象。但是，中国古籍的内容结构体例，并非上述那样简洁、一目了然，而是经过了漫长的发展、演变到不同于今天的基本定型的过程。本文介绍了中国古籍书名经过漫长的发展、演变的过程。

05　中国古籍知识漫谈——著者、序、目录等 / 白淑春，白放良 // 当代图书馆.——1999，no.2，49-52 页.
　　参见 白淑春论文 03

06　中国古籍中的手写本与非雕版印刷本 / 白淑春，白放良 // 情报杂志：'99 图书情报科学研究年刊（上）.——1999，181-182+18 页.
　　参见 白淑春论文 04

07　古籍函套的制作工艺介绍 / 白淑春，白放良 // 图书馆理论与实践.
　　——2008，no.4，76-79 页.
　　参见 白淑春论文 08

白淑春

女，1968 年生，陕西西安人，1984 年入馆至今，研究馆员。

著作

01 古籍装修知识及其操作技艺 / 白淑春，蒋银凤，白放良著. ——银川：宁夏人民出版社，2014. ——306 页，978-7-227-05939-4（39.90）.

分章著：白淑春（第三章、第六章、第七章、第九章、第十章、第十一章、第十二章、附录、后记），31-71 页，135-184 页，195-306 页。

内容提要：《古籍装修知识及其操作技艺》分上、下两编，共十二章。上编中国古籍装修知识共七章，主要内容为：第一章中国书的历史和古籍装修的意义；第二章中国古籍装订技术的起源及发展；第三章中国古籍的分类；第四章中国雕版古籍常用名词浅释；第五章了解、查阅历代和现存著录古籍；第六章中国古籍版本鉴定常识；第七章中国封建时代的避讳制度常识。下编中国古籍装修技艺共五章，主要内容为：第八章中国古籍的用纸；第九章修补、装订古籍的工具和材料；第十章古籍装修工作的名词术语及其操作规程；第十一章古旧书籍的一般修补技艺；第十二章古旧书籍的"整旧如新"和"整旧如旧"的装修技艺。

02 中国藏书家缀补录 / 白淑春编著. ——银川：宁夏人民出版社，
    2016. ——175 页，978-7-227-06600-2（36.00）.

    编著：白淑春

    内容提要：中国是一个典籍十分丰富的国家，素以有雄厚的典籍
    蕴藏而闻名于世。自唐、宋时创立的雕版、活字等印刷术，至今已有
    千余年历史，产生了大量门类较为齐全的古籍文献，经历岁月洗礼、
    改朝换代、典籍兴废、自然灾害和人为损毁，能保存、流传下来的古
    籍图书乃是中国文化宝库中的精华，也是各地图书馆藏书的基石之一，
    不少时代久远、刻印精致、纸墨上乘的古籍从古至今均是公私藏家的
    镇馆之宝。孰知，在收藏、保存和流传中，众多的私人藏书家功不可
    没。《中国藏书家缀补录》收录古代、近代（个别跨入现代）的藏书
    家 356 人，其中标目 336 人，附 20 人，以充实历代藏书家之缺失。时
    日久远，地域广袤，资料分散，为中国藏书家补遗，缺失定然，抛砖
    引玉，以臻完备。中国文化史不应遗忘他们，中华民族艺林中亦有他
    们的一席之地。

论文

01 同书异名与同名异书 / 白放良，白淑春 // 情报杂志：'98 图书情
    报科学研究年刊（下）. ——1998，107-108+17 页.

    参见 白放良论文 03

02 中国古籍知识漫谈——书名 / 白放良，白淑春 // 当代图书馆.
    ——1999，no.1，47-51 页.

    参见 白放良论文 04

03 中国古籍知识漫谈——著者、序、目录等 / 白淑春，白放良 // 当
    代图书馆. ——1999，no.2，49-52 页.

    摘要：当我们翻开现代的任何一部书，包括标点新印的古籍，其

内容结构体例包括：书脊和封面上的"书名"，基本揭示了本书的内容；个人、集体或单位的"著者"，标以"著""撰""编""编著"等不同类型的著作方式；正文前的"目录""序言"（自序或代序）或"再版说明"等，使我们了解成书的经过、目的及其价值；正文之后，有的书还有"后记""参考书目""索引"等，从而构成一部较为完整的书的形象。但是，中国古籍的内容结构体例，并非上述那样简洁、一目了然，而是经过了漫长的发展、演变到不同于今天的基本定型的过程。本文介绍了中国古籍著者、序、目录等经过漫长的发展、演变的过程。

04　中国古籍中的手写本与非雕版印刷本／白淑春，白放良／／情报杂志：'99图书情报科学研究年刊（上）.——1999，181-182+18页.

摘要：雕版印刷术发明之后，图书的数量和质量都有了很大的提高，其优越性是显而易见的。但是，与其同时存在着誊写书、钞（抄）书和非雕版印刷书籍的情况，亦不应忽视，它们仍是产生、复制图书的重要手段之一，且被视为孤本、珍本和善本，历来为藏书家所重视。

05　城市图书馆在创建学习型城市中的使命／白淑春／／图书馆理论与实践.——2008，no.1，75-76页.

摘要：建设学习型城市是在知识经济背景下产生的城市竞争战略和国家竞争战略，通过提高市民素质进而可以提高城市竞争力。城市图书馆是城市文化空间的组成部分，提升一座城市的文化品位，是城市竞争力的重要构成元素，为城市营造了一个公平文明的环境，在促进城市的和谐中发挥着独特的作用。

06　城市图书馆资源的整合与创办社区图书馆途径／白淑春／／当代图书馆.——2008，no.1，34-36页.

摘要：随着社会的发展，作为城市基层形态的城市社区既要分担政府和单位分解出来的部分职能，又要保证社区居民的物质和文化生活质量。本文通过对深圳社区图书馆建设成功经验的探讨，对以社区为平台，积极有效地整合图书馆资源创建社区图书馆，提出了自己的看法。

07 关于图书馆知识管理的思考 / 白淑春 // 情报杂志. ——2008，no.3，27，147-149 页.

摘要：在阐述知识管理以及图书馆知识管理的对象、领域和特点的基础上，探讨了加强知识信息管理以及不断完善图书馆知识管理等问题。认为图书馆知识管理建设是构建知识点信息管理平台，让人们在获取信息的同时注重知识的传播。

08 古籍函套的制作工艺 / 白淑春，白放良 // 图书馆理论与实践.——2008，no.4，76-79 页.

摘要：中国古籍图书的收藏，除依托不同材质的书架、书柜和书箱放置外，还视其版本价值、珍贵程度采用楠木、樟木做成书匣密闭保护，或用楠木、梗木做成"夹板"把书夹裹起来保护，其制作考究、高雅，且取材不易，价格不菲。而对大量的普通古籍保护，最常用的是制作"函套"包书，取材宜得。制作不难。本文通过实践操作，将濒临失传的行长书套、四合套、书盒三种四式函套手工制作工艺，从必备材料、工具及操作规程、工艺规程等方面作了详细介绍，以供古籍保护同行制作使用。

09 藏书印章初识 / 白淑春// 图书馆理论与实践. ——2011，no.2，61-64+113 页.

摘要：中国的印刷术和印章是一对珍贵文化遗产，历史悠久，价值斐然。它们从始至兴相互启迪，创新发展；而当强强结合成为图书、国画的收藏印章时，更是相得益彰，是版本鉴定的佐证之一。本文侧重古籍藏书印章，对其发展的历史变化及成就进行了阐释和研究。

10 试析中国古籍藏书名家的收藏途径 / 白淑春 // 图书馆理论与实践.
——2014，no.2，105-107 页.

摘要：在中国历史长河中，古籍图书从兴盛、发展到退出历史舞台已有千余年历史，能得以保存且流传至今，历代的"官藏"和近现代的"馆藏"功德无量，而众多的收藏名家也功不可没。

白　涛

男，1971 年生，山西交城人，2008 年入馆至今，副研究馆员。

论文

01　公共图书馆开展亲子阅读服务初探——香港公共图书馆开展亲
子阅读服务启示 / 白涛 // 内蒙古科技与经济. ——2015，no.16，
123-124 页.

摘要：简述了我国香港地区公共图书馆在开展亲子阅读活动中的
特点，指出了我国内地公共图书馆开展亲子阅读活动过程中存在的问
题，并由此提出我国公共图书馆开展亲子阅读活动应采取的措施。

02　新媒体环境下公共图书馆基于青少年阅读服务策略 / 白涛 // 内蒙
古科技与经济. ——2015，no.17，147-148 页.

摘要：论述了新媒体对公共图书馆服务的影响，分析了新媒体时
代青少年的身心发展特点与阅读特点，提出新媒体环境下公共图书馆
该怎样服务于青少年阅读。

白铁熊

男，1945—1996 年，1972—1996 年在馆，副研究馆员。

论文

01　应该尽快恢复银川地区图书馆协作委员会 / 白铁熊 // 宁夏图书馆通讯. ——1980，no.1，11 页.

　　摘要：1964 年，银川地区曾成立了图书馆协作委员会，建立了图书馆协作网。协会成立后开展了许多工作，如协调外文书刊采购、开展馆际互借、编制联合目录等。实践证明，图书馆协作委员会的建立推动了我区图书情报事业的发展，起到了积极的作用。1966 年，协会被一股风吹散了，它的活动也终止了。

02　关于地方版图书收藏问题 / 白铁熊 // 宁夏图书馆通讯. ——1980，no.2，26-27 页.

　　摘要：在省馆藏书建设工作中，地方版图书的收藏是一个很重要的问题。书刊资料是图书馆工作的基础。省馆应根据本地区的客观需要和馆藏基础，确定采选方针，有计划地补充书刊，逐步形成具有一定地方特色的藏书体系。就中文图书来说，中央一级出版社及本省（市、自治区）出版物，省馆应尽全搜集。对于其他地方出版物，笔者认为省馆应根据本省政治、经济、科学技术、文化教育等实际需要有选择地入藏（收集），不需要的则坚决不购，可要可不要的，尽量不购。

03　第一讲 图书采购 / 白铁熊 // 宁夏图书馆通讯. ——1982，no.3，29-33 页.

摘要：关于图书馆应收藏哪些书，具体要根据本馆的性质、任务、服务对象、地方特点和发展方向等，确定藏书建设的原则、收藏范围，决定收藏的重点和采购标准，并作出藏书建设现实的和长远的规划。只有这样，我们才能有的放矢、有计划地补充藏书。

04　图书馆也要改革 / 白铁熊 // 宁夏图书馆通讯. ——1983，no.1，11 页.

摘要：有一个图书馆，工作人员的出勤率很低，每年难得有几天超过 70%，个别人被称为"五·二九"干部、"周一天"干部，这是什么意思呢？后者是说一星期平均上一天班；前者说的是常年泡病号的人，总是把病假天数准确地控制在六个月以内，因为超过六个月，就须拿病休工资，年终奖金也吹了。在这个馆，干不干一个样，干多干少一个样，干好干坏一个样，并没有实行按劳分配的原则，人们端着"铁饭碗"、吃着"大锅饭"。君不见那些出勤不多、干劲不大的人，不是工资照拿、奖金照发、调资照调吗？应该说，这样的图书馆是个别的，但也未必只此一家。

05　关于现阶段省级公共图书馆基本任务的思考 / 白铁熊 // 图书馆理论与实践. ——1993，no.1，40-41+54 页.

摘要：关于省（自治区、直辖市）图书馆的任务，是个老掉牙的话题了。人们也许会很奇怪，难道还有再提的必要吗？处于社会主义初级阶段的我国，省馆的任务是什么？首要任务是什么？笔者以为很有探讨的必要。

曹海燕

女，1959 年生，辽宁人，1985—2014 年在馆，研究馆员。

论文

01 也谈图企联姻 / 曹海燕 // 图书馆理论与实践. ——1997，no.3，
56–57 页.

摘要：图企联姻是公共图书馆今年出现的一种新型服务方式，本文对图企联姻的理论依据、实际操作、服务层面等问题提出了自己的见解，并建议从经济学角度对其进行深入探讨。

02 《图书馆》计量分析与评价 / 曹海燕，陈青 // 图书馆. ——2004，
no.1，69–72 页.

摘要：本文对《图书馆》1995—2001 年发文引文情况、发文地区、系统分布、作者情况以及被中国人民大学的《人大报刊复印资料》全文转载、索引和被《中文社会科学引文索引》（简称 CSSCI）来源期刊引用情况进行了计量分析与评价。

03 康有为对中国近代报业的贡献 / 曹海燕，菊秋芳 // 图书馆理论与
实践. ——2005，no.1，51–52+94 页.

摘要：介绍了康有为在维新变法时期领导并创办的报纸，向读者

展示了康有为的办报思想和对中国报业作出的重大贡献。

04 从文献学研究视角看宁夏贺兰山岩画的发展 / 曹海燕 // 图书馆工作与研究. ——2010，no.11，67-70 页.

摘要：本文从文献学视角，就宁夏贺兰山岩画研究的影响、研究机构、学术研究成果及现状等方面进行了梳理，便于人们更全面地了解宁夏贺兰山岩画研究的状况。

05 宁夏岩画研究成果 20 年回眸 / 曹海燕 // 图书馆. ——2011，no. 12，111-115 页.

摘要：1990—2010 年，宁夏岩画研究工作取得了丰硕的成果。本文概要回顾这些研究成果，以便读者更多地了解宁夏岩画研究的现状和发展趋势，为进一步开展这项研究提供信息参考。

陈定宏

男，1927—2003 年，浙江黄岩人，1985—1994 年在馆，副研究馆员。

论文

01　关于图书馆学期刊质量评价之我见 / 陈定宏 // 图书馆理论与实践.
　　——1992，no.3，28-29+31 页.

摘要：如果说一部图书馆学史往往就是一部图书馆学期刊史的话，那么重视图书馆学期刊的研究是与图书馆学的发展繁荣同步的。迄今为止，图书馆学期刊质量评价方法尚未成型，这无疑影响着评价活动本身的质量及公正与客观，为此本文对图书馆学期刊质量评价的标准分别从学术质量与编辑校对质量等方面进行了深入探讨。

陈公维

男，1966 年生，浙江黄岩人，1990 年入馆至今，助理馆员。

论文

01　记录榆林岁时民俗的几种地方文献 / 韩一敏，陈公维 // 图书馆理论与实践. ——2013，no.12，113-115 页.

摘要：依据榆林不同时期编纂的地方志、文史资料丛刊、本地学者著述等地方文献对榆林岁时民俗事象的记录，探讨榆林地方文化景观中独具地域特色的民俗节日活动形式，认识榆林在不同时期和不同地域岁时民俗活动的传承与变异。

陈广金

男，1967 年生，河南长垣人，2009 年入馆至今，研究馆员。

著作

01 "大数据环境下图书馆发展的机遇与挑战"论文集 / 宁夏回族自
治区图书馆，宁夏图书馆学会编. ——银川：阳光出版社，2018.
——330 页，978-7-5525-4455-8（88.00）.
编委：陈广金
参见 韩彬著作 04

论文

01 论图书馆品牌建设策略的选择——以宁夏图书馆品牌创建策略选择
为例 / 陈广金 // 科技情报开发与经济. ——2011，no.4，23-24 页.
摘要：品牌经营是图书馆发展的必然要求。文章阐述了图书馆创
建品牌的现实意义，同时以宁夏图书馆创建品牌为例，论述了创建品
牌应遵循的原则以及品牌创建策略的路径选择。

02 亲子阅读与公共图书馆 / 陈广金 // 内蒙古科技与经济. ——2012，
no.3，158-159 页.
摘要：阐述了亲子阅读的内涵，介绍了世界各地开展亲子阅读活

动情况，其中重点介绍了公共图书馆开展亲子阅读活动的情况，并分析了公共图书馆开展亲子阅读活动的优势。

03　论宁夏新农村信息化建设模式与启示／陈广金／／甘肃科技.——2012，vol.28，no.7，9-10+48页.

摘要：建设社会主义新农村，离不开信息化的有效推进。文章阐述了农村信息化的内涵，系统地分析了宁夏新农村信息化建设的实践经验，重点总结了宁夏新农村信息化建设中的建设模式与启示。

04　浅谈共享阅读及其社会意义／陈广金／／科技情报开发与经济.——2013，no.7，19-21页.

摘要：共享阅读是一种有目的的阅读传播活动。文章简述了共享阅读，列举了目前常见的阅读形式，介绍了国内外开展共享阅读情况，分析了开展共享阅读的社会意义。

05　阅读及阅读心理剖析／陈广金，张丽／／图书馆理论与实践.——2014，no.4，29-31页.

摘要：阅读，是读者从语言文字中感知并获取意义和进行表述与评价的心理过程。本文解释了阅读的含义，阐述了识码、解码、述码与评码等四个阶段是阅读心理渐次递进的过程，分析了它们在阅读中各自的特点与作用。

06　读者共同体及其对阅读的影响／陈广金／／图书馆理论与实践.——2014，no.9，19-21页.

摘要：读者的阅读行为往往存在着群体归属意识，并以此形成多样的阅读者共同体。文章从人类社会学角度阐述了共同体、读者共同体以及读者共同体的特征，剖析了读者共同体对个体阅读和社会阅读的影响。

07 对我国开展家庭亲子阅读的思考 / 陈广金 // 科技情报开发与经济.
——2015，no.1，35—37 页.

摘要：亲子阅读是家庭教育极其重要的方式和手段。文章阐述了国外家庭开展亲子阅读的情况，分析了我国目前家庭亲子阅读存在的问题，探讨了当前开展家庭亲子阅读的策略选择。

08 刍议社会阅读与公共图书馆 / 陈广金 // 图书情报导刊.——2016，vol.1，no.4，17—19 页.

摘要：介绍了阅读的含义及其意义，阐述了社会阅读及开展社会阅读的重要性，论述了公共图书馆在促进社会阅读活动中的作用及应开展的主要工作。

09 读网时代公共图书馆的应对之策 / 陈广金 // 图书馆理论与实践.——2016，no.8，73—76 页.

摘要：阅读是有境界高下之分的。浏览式网络阅读虽风头正劲，但应加以引导，而传统的经典文本阅读能丰盈人的内心世界，滋养人的精神发育。公共图书馆应引领大众阅读中外经典佳作，并借此重构国民之精神高地。

陈 青

女，1968 年生，宁夏银川人，1985 年入馆至今，副研究馆员。

论文

01　信息社会中信息用户的教育和管理 / 孙献琳，陈青 // 图书馆理论与实践. ——2002，no.5，57–71+2 页.
　　参见 孙献琳论文 01

02　《图书馆》计量分析与评价 / 曹海燕，陈青 // 图书馆. ——2004，no.1，69–72+4 页.
　　参见 曹海燕论文 02

03　论学习型社会对图书馆的新要求 / 陈青，孙彦峰 // 图书馆理论与实践. ——2006，no.6，23–24+2 页.
　　摘要：论述了图书馆在学习型社会中的重要性，同时阐述了在创建学习型社会的过程中，工作人员应该具有的素质和图书馆应做的工作。

04　宁夏社区图书馆服务体系中的文献资源建设现状分析 / 陈青 // 图书馆理论与实践. ——2014，no.11，74–76+3 页.

摘要：宁夏社区图书馆的文献资源丰裕状况较之本世纪初，可谓有了质的飞跃，但与有关国际标准、国家标准、兄弟省区社区图书馆的文献资源相比，仍具有明显差距，存在的诸多亟待解决的实际问题和深层次矛盾，有待相关决策管理部门分析、研究与解决。

05 绘本阅读与公共图书馆 / 陈青，李娟 // 内蒙古科技与经济. ——
    2014，no.16，147–148+2 页.

摘要：解释了绘本的内涵与发展，阐述了绘本阅读在当今社会阅读中的重要意义，指出了公共图书馆在儿童绘本阅读中所应担当的角色与作用。

06 空间视角下公共图书馆少儿阅读推广实践与思考——以宁夏图书
    馆为例 / 孙卫红，陈青 // 内蒙古科技与经济. ——2019，no.
    21，132–133+2 页.

参见 孙卫红论文 05

陈韶春

女，1972 年生，宁夏银川人，1992 年入馆至今，副研究馆员。

论文

01 公共图书馆以人为本管理模式的构建 / 陈韶春，孙彦峰 // 图书馆理论与实践. ——2007，no.1，99-100+2 页.

摘要：从公共图书馆以人为本管理的科学内涵出发，阐述了实施以人为本管理的必要性，并就公共图书馆实施人本管理的模式提出了具体的思考。

02 图书馆如何推进全民阅读 / 陈韶华，陈韶春 // 图书馆理论与实践. ——2010，no.1，78-79+105 页.

参见 陈韶华论文 01

03 公共图书馆少年儿童动漫阅读推广活动实证研究——以宁夏回族自治区图书馆为例 / 陈韶春 // 图书馆理论与实践. ——2018，no.10，21-24+41 页.

摘要：以宁夏回族自治区图书馆少儿馆为例，就其空间布局、资源配置、馆员设置及动漫活动开展情况进行了实证分析。在此基础上，提出了营造温馨适宜的少儿动漫阅读空间、提高馆藏动漫资源质量、提升馆员素质、拓展多元化动漫阅读等多种推广服务形式。

04 关于公共图书馆开展残障人士服务的思考 / 陈韶春 // 内蒙古科技
　　与经济. ——2018，no.20，140-141 页.

　　摘要：文章分析了公共图书馆开展残障人士服务的必要性，阐述
了公共图书馆服务残障人士的重要作用，介绍了当前各级公共图书馆
在开展残障人士服务过程中所采用的一些工作方法。

陈韶华

男，1973 年生，宁夏中卫人，1998 年入馆至今，馆员。

论文

01 图书馆如何推进全民阅读 / 陈韶华，陈韶春 // 图书馆理论与实践.
——2010，no.1，78-79+105 页.

摘要：图书馆是全民阅读的重要阵地，是促进全民阅读的有生力量。文章论述了图书馆在全民阅读活动中的地位与作用，提出了图书馆有效推动全民阅读活动的措施。

陈怡君

女，1984 年生，宁夏固原人，2007—2018 年在馆，馆员。

论文

01 浅谈 ILASII 系统数据的自动备份 / 陈怡君 // 价值工程. ——2011，
vol.30，no.5，165-166 页.

摘要：分析网络环境下进行数据备份的重要性，重点讨论了宁夏图书馆如何利用现有条件在无须人工干预的情况下，简单快捷地完成数据的备份工作。

02 如何有效利用搜索引擎 / 陈怡君 // 价值工程. ——2011，vol.30，
no.31，91-92 页.

摘要：本文就搜索引擎作了简要的概述，在分析现有搜索引擎不足的同时，讨论如何根据不同的搜索目标来选择合适的搜索引擎以提高检索效率。

03 数据挖掘技术在图书馆个性化信息服务中的应用——以宁夏图书
馆为例 / 陈怡君 // 民族艺林. ——2015，no.4，106-110 页.

摘要：数据挖掘技术能够从海量、庞杂、无序的数据中挖掘出有价值的模式及规律。因此，将其应用到图书馆个性化信息服务中，不

仅能增加读者的满意度，更能为图书馆的发展带来长远的效益。文章以宁夏图书馆为例，展示了如何利用数据挖掘技术进行个性化信息服务。

04　公共图书馆读者满意度第三方测评机制研究 / 王清丽，陈怡君 //
图书馆理论与实践. ——2017，no.7，80-83+104 页.
参见 王清丽论文 02

05　全民阅读视野下民间儿童图书馆发展路径探析 / 陈怡君，王清丽
// 图书馆理论与实践. ——2017，no.12，23-27 页.
摘要：文章分析了民间儿童图书馆迅速发展的原因，通过案例分析，发现民间儿童图书馆存在自身定位与发展方向不明确、法律身份认定模糊两大问题。研究为民间儿童图书馆未来发展提供新的参考路径：民间儿童图书馆的发展需要加大立法力度，解决民间儿童 图书馆面临的法律困境；明确受众需求，找准自身定位；开展社区特色服务，明确发展方向；寻求社会支持，促进身份认同。

06　"互联网 +"背景下图书馆参考咨询服务研究 / 陈怡君 // 才智.
——2018，no.27，224-225 页.
摘要："互联网 +"时代，我们所处的信息环境以及用户的行为习惯、信息需求都发生了极大的改变。文章通过分析"互联网 +"环境下图书馆参考咨询工作所面临的问题，研究如何在新形势下优化服务，提升参考咨询工作的服务质量，并给出了具体的改进措施。

达朝红

女，1966 年生，甘肃兰州人，2005 年入馆至今，馆员。

论文

01　谈图书馆经典文献导读工作 / 达朝红 // 图书馆理论与实践. ——
　　2012，no.11，105-107 页.

摘要：经典文献作为"深阅读"模式的主要阅读读物，应成为图书馆导读工作的重点目标。本文认为，图书馆设立经典文献阅读场所，提供经典文献以飨读者，是经典导读工作的基本保障，图书馆举办丰富多彩、富有成效的经典导读活动，使经典"悦"读深入人心，是经典导读工作的具体实施。

丁　劫

女，1969 年生，宁夏平罗人，2015 年入馆至今，副研究馆员。

论文

01 关于近现代报刊文献数据库建设相关问题的思考 / 丁劫 // 回族研究. ——2020，no.4，38-42 页.

摘要：文章从填补资料空白、抢救与保护文化遗产、为实现文化强国汲取精神力量等方面对建立近现代报刊文献数据库的意义进行了探讨。同时从数字化趋势、古籍数字化技术、近现代报刊资料具备的数字化条件、有特色优势等方面对建立近现代报刊文献数据库的可行性进行了分析。研究提出，近现代报刊文献数据库建设中应注意的几个问题，认为数据库的建成不仅有利于民族文化的传承、保护和发展，而且有利于中华民族文化的发扬与光大，对振奋民族精神、共筑中华民族共同体意识有重要促进作用。

02 文旅融合机制下公共图书馆的取向探析 / 丁劫，勉琳娜，陈春霞 // "新时代西北地区图书馆创新与发展研究"论文集 / 甘肃省图书馆学会，甘肃省图书馆编.——兰州，甘肃人民出版社，2020，39-44 页.

摘要：文旅融合的达成，让公共图书馆的发展有了新的体制平台，图书馆事业在得到新的支持的同时，也面临着新的挑战。因此，公共图书馆应转变思路，在这一轮改革中谋求事业的拓展，探索文旅融合以及公共文化服务的新途径和方式，充分利用改革的最新成果，壮大图书馆事业。

丁 力

男，1953年生，山东沂水人，1974—2013年在馆，研究馆员（正处级）。

著作

01 中文社会科学工具书实用图表 / 丁力，张欣毅编著. ——银川：宁夏人民出版社，1991. ——107页，7-227-00597-6（3.00）.

编著：丁力

内容提要：本书是一本"工具书的工具书"。全书由图表和目录组成，内容分为五部分：A部分是检索策略图表，分14类问题（每类再分为若干小类），告诉读者什么问题查检哪几种工具书比较有效，实际上就是从功能角度来揭示工具书；B部分是常用年表、历表例解；C部分是性质相近之工具书比较图表；D部分是常用备查图表；E部分是工具书目录，收录了847种社会科学方面较常用的工具书。本书犹如中文社会科学工具书使用方面的一部分图解索引，对于正在学习"文献检索与利用"一类课程的学生来说，是一本十分有益的辅助工具书。对于大众型公共图书馆，社会科学研究机构图书馆，综合大学图书馆，文科院、校、系图书馆（室）来说，本书还可以作为工具书入藏方面的基本书目，对照、补充、优化馆藏。

02 宁夏图书馆同人文集 / 丁力，张欣毅主编.——银川：宁夏人民出版社，2008.——273 页，978-7-227-03837-5（32.00）.

主编：丁力

内容提要：本书收录了宁夏图书馆馆员的专业学术研究论文成果，以图书馆学、文献学、图书馆事业和工作研究为主，选取了 36 篇论文，基本反映了宁夏图书馆专业学术成果的概貌。

03 中国图书馆年鉴 2009/ 中国图书馆学会，国家图书馆编.——北京：国家图书馆出版社，2009.——808 页，978-7-5013-4227-3（290.00）.

编委：丁力

内容提要：反映 2008 年中国图书馆界发展状况。全文有图书馆活动图辑、特载、专文、图书馆事业、学术交流、法律法规与政策性文件、专业文献、统计资料、年度大事记、索引等内容。

04 中国图书馆年鉴 2010/ 中国图书馆学会，国家图书馆编.——北京：国家图书馆出版社，2010.——756 页，978-7-5013-4462-9（320.00）.

编委：丁力

内容提要：反映 2009 年中国图书馆界发展状况。全文有图书馆活动图辑、特载、专文、图书馆事业、学术交流、法律法规与政策性文件、专业文献、统计资料、年度大事记、索引等内容。

05 中国图书馆年鉴 2011/ 中国图书馆学会，国家图书馆编.——北京：国家图书馆出版社，2011.——830 页，978-7-5013-4701-8（320.00）.

编委：丁力

内容提要：反映 2010 年中国图书馆界发展状况。全文有图书馆活动图辑、特载、专文、图书馆事业、学术交流、法律法规与政策性文件、专业文献、统计资料、年度大事记、索引等内容。

06 中国图书馆年鉴 2012/ 中国图书馆学会，国家图书馆编. ——北
京：国家图书馆出版社，2013. ——748 页，978-7-5013-4851-0
（340.00）.

编委：丁力

内容提要：反映 2011 年中国图书馆界发展状况。全文有图书馆活
动图辑、特载、专文、图书馆事业、学术交流、法律法规与政策性文
件、专业文献、统计资料、年度大事记、索引等内容。

07 中国图书馆年鉴 2013/ 中国图书馆学会，国家图书馆编. ——北
京：国家图书馆出版社，2013. ——602 页，978-7-5013-5228-9
（340.00）.

编委：丁力

内容提要：反映 2012 年中国图书馆界发展状况。全文有图书馆活
动图辑、特载、专文、图书馆事业、学术交流、法律法规与政策性文
件、专业文献、统计资料、年度大事记、索引等内容。

08 中国图书馆年鉴 2014/ 中国图书馆学会，国家图书馆编. ——北
京：国家图书馆出版社，2015.——622 页，978-7-5013-5228-0
（340.00）.

编委：丁力

内容提要：反映 2013 年中国图书馆界发展状况。全文有图书馆活
动图辑、特载、专文、图书馆事业、学术交流、法律法规与政策性文
件、专业文献、统计资料、年度大事记、索引等内容。

论文

01 对发展我区图书馆事业的几点设想 / 丁力 // 宁夏图书馆通讯.

——1980，no.2，7–11 页.

摘要：1980 年，中央书记处通过《图书馆工作汇报提纲》，决定改变图书馆领导体制，着手筹备成立文化部图书馆事业管理局。文章基于这一政策背景，分析我区图书馆事业发展状况，认为我区存在图书馆规模和数量不能适应形势发展需要、服务手段和服务质量不能满足科学研究和群众实际需求、各类图书馆之间缺乏统一领导和分工协作等问题。针对以上问题，提出要积极发展各种类型图书馆、加强馆与馆之间的联系、建立图书馆干部队伍、实现图书馆现代化、加强对图书馆的领导和管理等措施。

02　中国的古典文献索引 / 丁力，刘荣 // 世界图书. ——1983 年，
　　no.4，［页码不详］.

摘要：阐述中国古典文献索引发展的历史，认为可分为 3 个阶段，即第一阶段为明末清初，第二阶段为五四运动后，第三阶段为中华人民共和国成立后。

03　智利公共图书馆见闻 / 丁力 // 图书馆理论与实践. ——1986，
　　no.1，45–47 页.

摘要：1985 年 9—10 月间，笔者有幸参加了中国图书馆代表团，对墨西哥、智利、阿根廷和西班牙四国的图书馆进行了考察访问。在拉丁美洲诸国的图书馆中，智利的公共图书馆颇具特色。这里，仅就有限的见闻做一些简单的介绍。

04　跨越时空的文明——中华五千年的文化记录与记录文化（一） / 张
　　欣毅，丁力 // 图书馆理论与实践. ——1997，no.2，37–44 页.
　　参见 张欣毅论文 30

05　跨越时空的文明——中华五千年的文化记录与记录文化（二） / 张

欣毅，丁力 // 图书馆理论与实践. ——1997，no.3，39-45 页.

参见 张欣毅论文 31

06 跨越时空的文明——中华五千年的文化记录与记录文化（三）/ 张
欣毅，丁力 // 图书馆理论与实践. ——1997，no.4，31-36+38 页.

参见 张欣毅论文 32

07 跨越时空的文明——中华五千年的文化记录与记录文化（四）/ 张
欣毅，丁力 // 图书馆理论与实践. ——1998，no.1，37-42+44 页.

参见 张欣毅论文 33

08 跨越时空的文明——中华五千年的文化记录与记录文化（五）/ 张
欣毅，丁力 // 图书馆理论与实践. ——1998，no.2，36-42 页.

参见 张欣毅论文 34

09 跨越时空的文明——中华五千年的文化记录与记录文化（六）/ 张
欣毅，丁力 // 图书馆理论与实践. ——1998，no.3，35-41 页.

参见 张欣毅论文 35

10 跨越时空的文明——中华五千年的文化记录与记录文化（七）/ 张
欣毅，丁力 // 图书馆理论与实践. ——1998，no.4，45-52 页.

参见 张欣毅论文 36

11 跨越时空的文明——中华五千年的文化记录与记录文化（八）/ 张
欣毅，丁力 // 图书馆理论与实践. ——1998，no.1，38-45 页.

参见 张欣毅论文 37

12 跨越时空的文明——中华五千年的文化记录与记录文化（九）/ 张

欣毅，丁力 // 图书馆理论与实践. ——1999，no.2，33-39 页.

参见 张欣毅论文 38

13 "文化共享工程"在宁夏：背景、架构与可持续发展 / 丁力，张欣毅 // 图书馆理论与实践. ——2008，no.2，29-34 页.

摘要："全国文化信息资源共享工程"宁夏全覆盖项目于 2007 年 8 月正式启动。结合这一项目设计、论证、立项和参与组织实施的实践，就该项目的背景、目标体系、配置结构、投入机制和可持续发展问题等进行了分析。

14 宁夏图书馆 50 年发展回眸（上）/ 丁力，张欣毅，王岗 // 图书馆理论与实践. ——2009，no.2，89-96 页.

摘要：选自《宁夏图书馆馆志》第一章：概述。回溯了宁夏省立图书馆的历史沿革，叙述了宁夏回族自治区图书馆成立50年来的发展历程及取得的成就。

15 宁夏图书馆 50 年发展回眸（下）/ 丁力，张欣毅，王岗 // 图书馆理论与实践. ——2009，no.3，95-100 页.

摘要：选自《宁夏图书馆馆志》第一章：概述。回溯了宁夏省立图书馆的历史沿革。叙述了宁夏回族自治区图书馆成立 50年来的发展历程及取得的成就。

16 宁夏图书馆地方文献工作与研究 / 丁力，吕毅，王宏霞 // 全国地方文献工作与研究 / 湖南图书馆编. ——北京：国家图书馆出版社，2020. ——131-136 页.

内容提要：本文从地方文献的概念、藏书建设、读者服务、文献采购、经费保证、数字资源建设，以及地方文献研究等方面对宁夏图书馆地方文献工作进行了论述。

丁宁宁

女，1980 年生，山东烟台人，2006 年入馆至今，馆员。

著作

01 民国时期宁夏文献集成 第一辑 / 李习文，刘天明主编. ——北京：国家图书馆出版社，2018.——20 册，978-7-5013-6601-9（12000.00）.

参编：丁宁宁

内容提要：本书搜集整理了民国时期《宁夏省政府公报》《宁夏省政府行政报告》《宁夏省政府工作报告》《宁夏省政府行政计划》等宁夏省政治公报类的文献一百余期，时间跨度为 1930—1949 年。这批文献较为全面地揭示了民国时期宁夏的政治、经济、社会、文化等方面的历史面貌。

02 民国时期宁夏文献集成 第二辑 / 李习文，刘天明主编. ——北京：国家图书馆出版社，2018.——26 册，978-7-5013-6602-6（15600.00）.

参编：丁宁宁

内容提要：本书收录了民国时期有关宁夏的历史文献 110 种，以影印的形式整理出版。这批文献内容涉及民国时期宁夏的政治、经济、教育等方方面面，对研究民国时期宁夏省政治制度、财政经济、历史事件及施政方针等都有着重要的学术价值和数据价值。

03 宁夏回族自治区图书馆古籍普查登记目录 / 《宁夏回族自治区图书馆古籍普查登记目录》编纂委员会著，本书编委会编. ——北京：国家图书馆出版社，2018. ——240 页，978-7-5013-6522-7（160.00）.
编委：丁宁宁
参见 韩彬著作 05

04 宁夏回族自治区二十家收藏单位古籍普查登记目录 / 《宁夏回族自治区二十家收藏单位古籍普查登记目录》编委会编. ——北京：国家图书馆出版社，2020. ——438 页，978-7-5013-6877-8（288.00）.
编委：丁宁宁
参见 尹光华著作 10

论文

01 论对少年儿童阅读倾向的引导 / 丁宁宁 // 价值工程. ——2011，vol.30，no.18，274-275 页.
摘要：正确认识和引导少年儿童的阅读倾向，并以此把握不同年龄段少年儿童的阅读规律，培养其健康的阅读兴趣和良好的阅读习惯，是图书馆少年儿童工作的重要职责。

02 试论少年儿童阅读心理 / 丁宁宁 // 发展 服务 阅读 共享 第十二届"三北"地区少年儿童图书馆学术暨工作研讨会论文集 / 李俊国主编. ——天津：天津人民出版社，2011. ——182-186 页.
摘要：如何正确认识少年儿童的阅读心理，并以此把握不同年龄段少年儿童的阅读倾向和阅读规律，对其作出正确的阅读引导，培养其健康的阅读兴趣和良好的阅读习惯，是图书馆少年儿童阅读引导工作的重要职责。

03 从三大公共数字文化工程的实践看中国数字图书馆发展／丁宁宁
    ／／图书馆理论与实践.——2017，no.3，80-83页.

摘要："全国文化信息资源共享工程"标志着我国数字图书馆规模发展的历史性跨越，随着"数字图书馆推广工程"和"公共电子阅览室计划"的实施与推进，中国数字文化工程逐步趋于完善。本文在阐述"三大工程"实施的背景基础上，分析了其自实施以来取得的成效，并就存在问题提出对策及建议，旨在进一步提升数字图书馆的服务能力和建设水平，努力实现构建现代公共文化服务体系的总体目标。

04 基于微信小程序的移动图书馆信息服务平台功能初探／丁宁宁／／
    信息与电脑.——2020，no.18，96-98页.

摘要：在大数据、信息化的时代背景下，随着图书馆用户群体个性化、碎片化信息需求的不断增长，基于微信平台的图书馆数字化服务也成为图书馆移动信息化服务的研究与实践重点，而微信小程序的推出无疑为图书馆开展用户服务提供了新的发展空间。本文以微信小程序为切入点，通过分析微信小程序在图书馆的应用背景、基于微信小程序开发移动图书馆信息服务平台的优势以及移动图书馆微信信息服务平台功能架构三个方面的内容，提出移动图书馆用户信息服务平台功能架构建设的粗浅构想。

丁学玲

女，1934 年生，甘肃兰州人，1969—1990 年在馆，馆员。

论文

01　宁夏图书馆学会一九七九年——一九八八年大事记 / 丁学玲 // 图书
　　馆理论与实践. ——1989，no.3，62–64 页.

　　摘要：1979 年 6 月 26—30 日宁夏图书馆学会成立。第一次会员代
表大会在银川召开，代表 65 名，第一届理事会由 18 人组成。理事长：
李希孟；副理事长：黄伟学、王野坪、王业和；秘书长：黄伟学
（兼）。第一次科学讨论会同时召开，宣读论文 8 篇。

02　宁夏图书馆学会一九七九年——一九八八年大事记（续完）/ 丁学玲
　　// 图书馆理论与实践. ——1989，no.4，59 页.

　　摘要：8 月 22—26 日，文化部图书馆事业管理局和中国图书馆学
会在乌鲁木齐市召开全国民族地区图书馆第二次学术座谈会。我学会
高树榆、马砚屏、谢天恩出席了会议。9 月 29 日全国图书馆学会在贵
阳市召开。

樊晶晶

女，1985 年生，甘肃金昌人，2010 年入馆至今，馆员。

论文

01 图书馆知识管理对图书馆管理的创新／樊晶晶／／企业文化. ——
2013，no.9，239 页.

摘要：随着国内科学技术发展步伐的加快，信息技术应用已经成为企业发展的主要助推力，从图书馆的管理工作来讲，推动信息管理平台在其内部的使用对图书馆管理工作的科学化建设有着较为明显的作用。本文将结合图书馆知识管理理念，简要分析现代信息技术发展对图书馆管理工作创新的意义。

02 以读者为本的图书馆管理流程优化／樊晶晶／／企业文化. ——
2013，no.9，244 页.

摘要：随着我国社会发展程度的不断加深，企业经营管理过程中的顾客服务意识被不断加强，"以人为本"理念在市场竞争中得到凸显。这一现象在公共服务机构——图书馆中也有所展现。目前，国内以读者为本的图书馆管理流程优化工作正如火如荼地展开，图书馆管理措施的改革力度不断加大。本文将以图书馆的管理流程为重点，简要分析其如何做到以读者为本。

03 西北地区公共图书馆特色数据库建设调查 / 樊晶晶 // 价值工程.
——2015，no.2，229-231 页.

摘要：特色数据库是数据库建设的一个重要构成部分。文章通过网络调查研究，介绍了西北五省省级公共图书馆特色数据库的建设现状，分析并总结了特色数据库存在的问题，进而对公共图书馆特色数据库建设提出建议。

04 微信公众平台在西北五省公共图书馆应用的调查分析 / 樊晶晶 // 价值工程.——2016，no.10，150-152 页.

摘要：通过对我国省级公共图书馆微信公众平台的应用进行调查分析，对微信公众号的开通、基本功能、使用情况及更新频率进行了统计，进而分析了微信公众平台在西北五省的应用及推广情况。研究认为图书馆对开展微信公众平台服务认识不足、功能不全、内容枯燥、推广不力等，并对此提出意见和建议。

05 基于公共图书馆用户分析的读者服务研究——以宁夏图书馆为例 / 樊晶晶 // 内蒙古科技与经济.——2018，no.23，109-111+114 页.

摘要：通过宁夏图书馆 2013—2016 年读者办证量统计，分析了宁夏图书馆普通读者、青少年读者、研究型读者利用图书馆的意愿和目的，认为宁夏图书馆这三大类读者群体需要有针对性的读者服务。

甘振军

男，1946年生，河北人，1970—2006年在馆，副研究馆员。

论文

01 图书馆与书店 / 甘振军 // 图书馆理论与实践. ——1991，no.2，33+65页.

摘要：图书馆与书店——这里指的书店，包括国家、集体、个人的书店（摊），两者都属于文化单位。图书馆是收藏图书、借阅图书的文化事业单位，而书店是从事图书发行的文化企业单位。图书馆与书店都是利用图书为读者服务的，图书馆通过借阅、咨询等手段向读者提供多次服务，而书店则是通过销售图书一次性地为读者提供服务。图书馆与书店两者之间的关系是非常密切的。

02 "部分改编"的实施方法 / 甘振军 // 图书馆理论与实践. ——1993，no.1，53-54页.

摘要：《中国图书馆图书分类法》（简称《中图法》）第三版出版后，宁夏图书馆组织有关人员进行了学习、讨论，决定根据本馆藏书的现状以及人力、物力的情况，从1990年底起对本馆的中文图书，由使用《中图法》第二版改为使用《中图法》第三版进行图书分类。

高树榆

男，1937 年生，天津人，1958—2000 年在馆，研究馆员（正处）。

著作

01 昔日宁夏漫谈 / 高树榆著. ——银川：宁夏人民出版社，1979.
——[页码不详]，11157·5（0.30）.

著：高树榆

内容提要：作者运用大量宁夏地方历史资料，以生动的"漫谈"的形式，记述了自辛亥革命至解放前夕宁夏的政治、经济、文化情况以及回、汉各族人民的生活状况和革命斗争。全书约 8 万字，分为"辛亥举义旗 塞上战鼓急""黄沙并泥路 老牛拉破车""贫哉富宁夏 苦煞鱼米乡""长征播火种 红旗飘六盘"等 15 节。形式新颖、文笔流畅，富有知识性、资料性和趣味性，对了解和研究宁夏近代史有一定参考价值。

02 中国图书馆图书分类法（第 2 版）/ 中国图书馆图书分类法编辑委员会编. ——北京：书目文献出版社，1980. ——674 页，7201·5（13.00）.

参编地理大类：高树榆

内容提要：本书是 1975 年出版的，5 年以来，已经广泛地为各省

（自治区、直辖市）图书馆、大专院校图书馆和专业单位图书馆、情报所等单位所采用。在使用过程中，各单位不断地提出了一些问题和缺点，必须加以修订。修订时，考虑到全国已有较多图书馆使用，因此在不改变大类序列和符号制度的前提下，从实际出发作了部分变动。本分类法适用于各省（自治区、直辖市）图书馆、大专院校图书馆和科研单位图书馆、情报研究所等大型和专业图书情报单位使用。

03　宁夏方志述略／吉林省图书馆学会编.——长春：吉林省地方志编纂委员会，吉林省图书馆学会，1985.——151 页，［书号不详］（［价格不详］）.

编著：高树榆

内容提要：该书选编了 20 世纪 70 年代末和 80 年代初有关研究宁夏地方志的文章 16 篇，并附录了 20 世纪 30 年代《陇右方志录》和《陇右方志录补》中有关宁夏方志的记载。该书不仅对宁夏方志的整体情况有简明的介绍，同时对《嘉靖宁夏新志》《朔方道志》《固原州志》等十几种志书的编纂体例和史料价值也作了较为详尽的评论和剖析，对研究宁夏地方史志有很高的参考价值。

04　宁夏地方文献联合目录／宁夏图书馆协作委员会编.——银川：宁夏人民出版社，1992.——903 页，7-227-00784-7/Z·34（35.00）.

主编：高树榆

内容提要：该书是一部由宁夏图书馆协作委员会组织编纂的、反映宁夏地方文献收藏情况的大型综合性联合目录，收录了 1989 年 12 月 31 日前出版的有关宁夏的各类图书、资料、方志计 1 414 种（部），宁夏境内出版的报纸、杂志计 324 种，散见于报刊中的有关研究、论述、反映宁夏问题的有一定参考价值的论文或其他资料计 7297 篇，是当时收录宁夏资料最多、最为完备的联合目录，填补了宁夏地方文献资料工作中的空白。

05 宁夏方志总目提要 / 高树榆编著. ——台北: 汉美图书有限公司, 1996. ——〔页码不详〕, 〔书号不详〕 (〔价格不详〕).

编著: 高树榆

内容提要: 该书对已知的34种宁夏志书进行了综述, 并对宁夏7部府志、1部道志、4部州志、20部县志、2部乡土志一一撰写了提要。文中对明代宁夏第一部方志《〔正统〕宁夏志》的考证颇有价值。由于见到原志的复印件, 从而纠正了以往误认为是《〔永乐〕宁夏志》和《〔宣德〕宁夏志》的错误。

论文

01 我们是怎样选定《武汉大学图书分类法》的 / 高树榆 // 武汉大学人文科学学报 (图书馆学专号). ——1959, no.7, 30-31页.

摘要: 宁夏回族自治区图书馆从1958年10月开始筹备。根据自治区图书馆的发展规划, 在第二个五年计划期间, 藏书将达100万册, 是一个大型、综合性的省 (自治区) 级图书馆。图书分类法是图书馆工作的重要工具, 文章介绍了宁夏回族自治区图书馆选定《武汉大学图书分类法》的具体过程。

02 请读《鲁迅回忆录》 / 高树榆 // 宁夏文艺. ——1961, no.9, 31-32页.

摘要: 读完《鲁迅回忆录》, 鲁迅先生的音容笑貌一直活现在眼前。作者许广平同志以其鲜明的爱憎、深厚的感情和朴素的笔调为我们描绘了鲁迅战斗的一生。这是作者继《欣慰的纪念》《关于鲁迅的生活》之后所写的第三本回忆鲁迅先生的书。作者夹叙夹议、亲切感人地给我们讲述了鲁迅先生早年的读书生活以及十月革命和苏联文学对他的影响, 介绍了鲁迅先生对马列主义理论孜孜不倦的学习以及与形形色色的敌人勇猛斗争的情形。

03 谈谈搜集地方文献中的几个问题 / 高树榆 // 宁夏图书馆通讯.

——1979，no.创刊号，14–19 页.

摘要：哪些资料属于地方文献，这在图书馆界尚无定论，且各馆的收藏范围也有所不同。本人认为所谓地方文献，必须同时具备地方性和文献资料性，因此本人认为地方出版物、地方人士的著述、论及地方的著述均可属于地方文献。

04　要尽快地把全国善本书总目编出来 我区"总目"编辑工作基本结束 / 高树榆 // 宁夏图书馆通讯. ——1979，no. 创刊号，47 页.

摘要：为了实现敬爱的周总理"要尽快地把全国善本书总目编出来"的遗愿，我区古籍工作者在区、市、县有关部门的领导下，努力学习，积极工作，克服了种种困难，已基本完成了我区古籍善本书的版本鉴定和著录工作。宁夏地处边疆，藏书较少，古籍干部相当缺乏。为了用最短的时间、最快的速度、最好的质量完成"总目"编辑工作，自治区和各市、县在南京会议后即成立了领导小组和编辑小组。银川、固原、石嘴山、银南等地还先后召开座谈会，举办训练班，培训了一批古籍干部。

05　明末起义军在宁夏一带的活动 / 高树榆 // 宁夏大学学报（哲学社会科学版）. ——1980，no.1，57–59 页.

摘要：轰轰烈烈的李自成起义在我国历史上写下了光辉的一页。起义军南征北战，破县攻城，经历了大小无数次浴血战斗，驰骋了大半个中国。李自成的起义军攻入宁夏是西征中的重要一战。宁夏为西北重镇，背山面水，地势险要，西据贺兰之雄，东扼黄河之险，左河津，右重塞，乃是兵家必争之地。

06　宁夏方志考 / 高树榆 // 宁夏图书馆通讯. ——1980，no.1，17–22 页.

摘要：宁夏方志起于明代，本文就宁夏地方志的源流、编纂、刊刻情况略加考证，宁夏方志共有 9 部，其中明代方志 6 部（佚 3 部）、清代 2 部、民国 1 部。

07 试谈把图书馆办成一个社会事业 / 高树榆 // 宁夏图书馆通讯.
——1981，no.1，32-37 页.

摘要：党的十一届三中全会以来，我国图书馆事业得到了很大的
恢复和发展，在为学科研究服务和为广大群众服务方面，都取得了许
多可喜的成绩。但是，目前我国的图书馆，不论其数量还是服务质量，
远远不能适应四化建设的需要。在这方面，有许多重要的课题摆在我
们面前，其中之一就是把图书馆办成一个社会事业的问题。这个问题涉
及的面很广，既是一个理论问题，又是一个实践问题。本文仅就其中的
几个方面谈些粗浅的看法，就教于图书馆界的同行，以期抛砖引玉。

08 一本内容丰富的小书 给图书馆界的同行们推荐《中国文化史要
论》/ 高树榆 // 宁夏图书馆通讯. ——1981，no.1，10-11 页.

摘要：作为一个合格的图书馆工作者，不但要有图书馆学的知识，
还应该具有目录学的知识。我国的历史文化典籍浩如烟海，任何人不
可能也没有必要把所有的书籍都读上一遍，因此就要求我们有选择地
读书。应该如何选择呢？我国几千年的学术文化中，它的主要代表人
物和主要图书又是哪些呢？在这方面，我要向图书馆界的同行们推荐
最近出版的好书——《中华文化史要论》（人物，图书）。

09 龙占海 / 高树榆 // 朔方. ——1981，no.2，50-64 页.

摘要：这部中篇历史小说是以清末年间发生在我自治区平罗县境
内的真实事件为蓝本的，较好地塑造了龙占海这个义和团英雄人物形
象，揭示了洋神甫与清朝官吏、当地豪绅相勾结，残酷镇压、剥削平
民的情景。现选载其中的第二、三、五、九、十、十一章，略加编
改，基本能独立成章，以飨读者。

10 关于图书馆员的通信（一）/ 高树榆 // 宁夏图书馆通讯. ——
1982，no.3，52-54 页.

摘要：来信说我们成了同行，问我对图书馆员有什么看法。这个题目很大，大得可以写本书，至少也可以写篇洋洋万言的论文。不过，我虽然是个图书馆员，但对于"论图书馆员"这个题目却很少研究，只能作为老朋友间的促膝交谈，想到什么说些什么了。

11 关于图书馆员的通信（二）/ 高树榆 // 宁夏图书馆通讯. ——
1983，no.1，43-44+37 页.

摘要：你问我作为一个图书馆员应该具备什么条件？这个问题回答起来真可说是又简单又复杂。记得我国老一辈图书馆学家杜定友先生就非常重视这个问题，他在《图书馆学概论》一书中专门写了一章"图书馆的馆员"，他对图书馆员条件的论述可以归纳为三条：好的品德、专业知识、文化水平。

12 试论《十年来宁夏省政述要》/ 高树榆 // 宁夏图书馆通讯. ——
1983，no.2-3，53-55+58 页.

摘要：《十年来宁夏省政述要》列举了 1933—1942 年间，宁夏省"一切政事之措施，与各项事业决算之成果。"全书内容"视其性质，分类汇编"，包括：总类、民政、财政、教育、建设、地政、保安、卫生、粮政、附录共十篇。《述要》共一百余万字，分八册，于 1942 年12 月铅印出版。

13 第六讲 图书馆古籍整理 / 高树榆 // 宁夏图书馆通讯. ——1984，
no.3，38-45+58 页.

摘要：古籍，一般是指辛亥革命前印行的（或手写的）著作。从刊印形式上讲，多为木刻版；从装订形式上讲，多为线装。图书馆古籍整理不同于一般的古籍整理。通常所讲的古籍整理包括标点、注释、今译、汇编、辑佚等工作，而图书馆古籍整理主要是对图书馆所藏的古籍进行著录、鉴定版本以及分类、典藏和目录组织，二者是有密切关联的，但又是有所区别的。下面就古籍著录、古籍版本、古籍分类、古籍目录、古籍保管等几个方面，分别作些简单的介绍，供藏有古籍的中小型图书馆参考。

14 一条必由之路——再谈把图书馆办成一个社会事业 / 高树榆 // 宁夏图书馆通讯. ——1984，no.4，1–3 页.

摘要：图书馆往何处去？要建设有中国特色社会主义图书馆要走哪条路？这是摆在我们图书馆工作者面前的首要问题，必须作出正确的回答。其实，中央书记处早在 1980 年讨论通过图书馆工作汇报提纲时，就已明确指出：要把图书馆办成一个社会事业。应该承认，我们的图书馆学理论，对这一重大的、带有方针性的问题，重视不够，研究甚少，没有把这个具有战略意义的课题放在应有的位置上组织专人重点研究。如今，再也不能等待了，传统的图书馆学理论正经受着猛烈的冲击，图书馆事业的发展正要求在理论上有较大的突破。

15 谈谈宁夏文献 / 高树榆 // 宁夏史志研究. ——1986，no.5，［页码不详］.

摘要：较为详细地介绍了一九四九年前有关宁夏的地方志、地方出版物及一九四九年后有关宁夏的资料、报刊共 105 种。

16 图书馆员的素养 / 高树榆 // 图书馆理论与实践. ——1987，no.3，3–7 页.

摘要：图书馆员应有的素养是——思想端正，品德高尚，具有主人翁精神；热爱读者，熟悉读者，全心全意为读者服务；热爱图书，熟悉图书，有图书学、目录学和情报学知识；懂得图书馆学，掌握工作技能，有比较广博的文化科学知识并有足够的表达能力；好学上进，勇于改革，具有开拓精神。

17 三十而立 / 高树榆 // 图书馆理论与实践. ——1988, no.3, 30-36 页.

摘要：宁夏图书馆建馆三十年了，笔者到馆也整整三十年了。古人云：三十而立。经历了三十个春秋的宁夏图书馆"立"起来了吗？笔者不止一次地质问自己：建馆三十年来，哪些是值得肯定的，哪些又是应该否定的呢？出路何在？今后又该如何发展、如何向前迈进呢？

18 与电大学员谈图书分类 / 高树榆 // 图书馆理论与实践. ——1989, no.4, 44-45 页.

摘要：电大学员来自各行各业四面八方，除少数学员来自图书资料部门外，大部分或绝大部分学员都来自其他单位，但他们具有较广泛的科学文化知识，有较强的理解能力和刻苦的自学精神。因此，我针对"电大"学习的特点，认为在学习《图书分类》课时学员应注意几个问题：学起来，其味无穷；钻进去，学无止境；多实习，学以致用；对考试，态度端正。

19 宁夏古代刻书与藏书初探 / 高树榆 // 宁夏社会科学. ——1990, no.1, 73-78 页.

摘要：尽管在我国学界对中国雕版印刷术的创始年代尚有不同的见解，但唐代已有印刷品、宋代的公私刻书之风已相当盛行这一事实，是任何人也不能怀疑的。宁夏地处边陲，自古以来就是少数民族聚集之地，经济、文化都较内地落后，这里的刻书事业显然不会早于中原发达地区。但是，宁夏的刻书究竟始于何时？发展情况如何？藏书情况又是怎样的呢？笔者试图在本文中作简要的回答。

20 图书馆员与读者的关系 / 高树榆 // 图书馆理论与实践. ——1990, no.3, 3-7 页.

摘要：在现代图书馆中，存在着诸多关系。其中，馆员与读者的关系最经常、最活跃且最为重要。他们之间的关系应当是怎样的呢？

作者认为：馆员为读者服务；馆员为读者服务是具体的；馆员要主动为读者服务；所有的图书馆员都要为读者服务；馆员与读者的关系并不是一成不变的。

21　宁夏方志评述 / 高树榆 // 图书馆理论与实践. ——1993，no.3，30-35 页.

摘要：本文对宁夏现存的三十四种方志按照明代、清代、民国三个时期分别作了概括性的介绍与评述。作者通过大量的考证，认定宁夏第一部方志应为《〔正统〕宁夏志》，并对明代几部有争论的志书提出了自己的见解。

22　图书馆与租书馆 / 高树榆 // 图书馆理论与实践. ——1994，no.1，35-36 页.

摘要：文章针对《变图书馆为租书馆》一文提出，图书馆与租书馆有本质上的不同。租书馆是营利机构，而图书馆是不以营利为目的的，它的职能和社会公益性决定了它不能变为租书馆。文章还分析了市场经济对图书馆的冲击以及图书馆的出路。

23　"图书馆与西部经济文化振兴"专题有奖征文评选综述 / 吴慰慈，高树榆 // 图书馆理论与实践.——1999，no.1，6-8 页.

摘要：1997 年 11 月，"图书馆与西部经济文化振兴"专题有奖征文活动正式开展，截至 1998 年 7 月 15 日，共收到来自全国 23 个省、自治区、直辖市的应征论文 121 篇。文章总结了应征论文的主要研究课题，以及为促进西部地区图书馆进一步发展提出的建议。

24　难忘的 1979/ 高树榆 // 图书馆理论与实践. ——2019，no.8，4-5 页.

摘要：1979 年，是不平凡的一年，是难忘的一年。对《图书馆理论与实践》来说，对宁夏图书馆界同仁来说，更是具有里程碑意义的一年。

宫 昭

男，1985 年生，宁夏彭阳人，2010 年入馆至今，馆员。

论文

01　智慧图书馆的构建及智慧服务研究 / 宫昭 // 价值工程. ——2017，vol.36，no.18，235-236.

摘要：近年来，随着智慧地球、智慧城市、智慧社区新理念的提出和实施，为图书馆的发展提供了新的机遇和方向。通过构建智慧图书馆来提供智慧服务，是未来图书馆服务模式发展的新思路。通过构建智慧馆舍、培养智慧馆员和建设面向智慧服务的信息资源，强化人文关怀是实现智慧图书馆智慧服务新路径。

苟素心

女，1982 年生，宁夏同心人，2007 年入馆至今，馆员。

论文

01　公共图书馆针对弱势群体和青少年心理引导服务价值体现 /苟素心
　　// 黑龙江史志. ——2015，no.7，263+265 页.

摘要：公共图书馆作为针对青少年和弱势群体心理引导服务的重要
机构，应该在社会主义和谐社会、和谐文化建设中，有效开发和利用自
身蕴藏的丰富的信息资源，构建完善的针对青少年和弱势群体的心理引
导服务。本文以公共图书馆针对弱势群体和青少年心理引导服务为研究
对象，围绕构建覆盖全社会的公共图书馆建设目标，阐述了公共图书馆
的几个相关价值理论，介绍了我国公共图书馆的建设现状，列出了现阶
段公共图书馆的问题，系统地提出完善我国公共图书馆针对弱势群体和
青少年心理引导服务的指导性意见。

02　浅谈图书馆文创产品与阅读推广的关联性 / 苟素心 // 才智. ——
　　2019，no.31，248-249 页.

摘要：图书馆发展文化创意产品是有利于推广阅读的重要方式。
本文调研了全国图书馆文创联盟旗舰店、故宫博物院文创旗舰店、猫
的天空之城旗舰店里的文化创意产品在网络上的传播广泛度及影响力，

从概念分析的角度解释了图书馆文化创意产品对阅读推广所起的推动作用，为今后如何拓展创新图书馆文化创意产品提供理论支持和策略方面的意见和建议。

03 基于儿童心理学在少儿图书馆服务工作中的探索与研究 / 苟素心 // 才智. ——2019，no.34，184-185 页.

摘要：通过对儿童心理发展特征及规律的分析与表述，体现了其对开展少儿图书馆工作推进的重大意义，更结合相关心理学理论，探讨怎样提高图书馆读者服务工作的质量，以更好地为少儿读者提供服务。

04 图书馆古籍的保护与整理——评《古籍整理释例》/ 苟素心 // 中国造纸. ——2020，no.3，97 页.

摘要：古代书籍是古代智慧和中国文化的载体，是古代圣贤留给国家的宝贵精神财富。因此，它们对于图书馆文献的管理和保护非常重要。由于大多数古代经典年代久远，存在一些难以存储和使用的问题。信息技术的发展伴随着数字时代的到来，加强图书馆古籍信息的管理已逐渐引起人们的重视，不仅为古籍保护提供了有利的机遇，而且为古籍保护带来了新的任务。随着图书馆古籍文献的增加，图书馆对古籍的管理也面临一些问题，因此有必要重新审视古籍的保护和整理，采取有效的策略，以便更好地实现对古籍和资料的管理。

郭丽娟

女，1971年生，陕西华阳人，2015年入馆至今，副处级。

论文

01　基于新媒体的公共图书馆读者服务探析 / 郭丽娟 // 内蒙古科技与经济. ——2018，no.12，155-156页.

摘要：阐述了新媒体对公共图书馆服务的影响，指出了新媒体环境下公共图书馆服务应遵循的原则，探析了新媒体技术给公共图书馆服务带来的新的服务方式。

郭生山

男，1965 年生，宁夏中卫人，1987 年入馆至今，研究馆员。

著作

01　中国分类主题词表 / 《中国图书馆图书分类法》编委会编；刘湘生主编. ——北京：华艺出版社，1994. ——6 册，7-80039-884-6（800.00）.

　　参编 U 大类交通运输 U1-U2 类目：郭生山

　　参见 白放良著作 01

02　宁夏图书馆志 / 张欣毅主编. ——北京：国家图书馆出版社，2009. ——301 页，978-5013-4202-0（90.00）.

　　分章主编：郭生山（第四章、第五章），95-119 页

　　参见 张欣毅著作 10

03　宁夏图书馆馆藏精品集萃 / 韩彬主编. ——银川：宁夏人民出版社，2016. ——295 页，978-7-5525-2527-4（288.00）.

　　执行主编：郭生山

　　参见 韩彬著作 02

04 "大数据环境下图书馆发展的机遇与挑战"论文集 / 宁夏回族自治区图书馆，宁夏图书馆学会编. ——银川：阳光出版社，2018. ——330 页，978-7-5525-4455-8（88.00）.

编委：郭生山

参见 韩彬著作 04

论文

01 建筑、图书与字节——数字化时代的图书馆和用户 / 郭生山 // 图书馆理论与实践. ——2000，no.2，69-71 页.

摘要：介绍了国外在数字化时代图书馆的变革与趋势发展，图书馆面临的挑战与机遇等。

02 《中国机读目录格式使用手册》编目例析 / 郭生山，徐黎 // 图书馆理论与实践. ——2006，no.4，65+69 页.

摘要：《中国机读目录格式使用手册》在著录中虽然涵盖了目录在广度和深度标引方面的全部内容，但在细节的规定上还存在着不完整、不确定的情况，给实际的编目操作带来歧义与误解。本文列举并给予分析，希望今后在修订时能够明确，以便所有的 CNMARC 格式著录都能整齐划一。

03 "共享工程"与欠发达地区图书馆服务方式的拓展 / 徐黎，郭生山 // 图书馆. ——2006，no.5，116-117 页.

参见 徐黎论文 05

04 招投标制度下图书采购对策的调适 / 郭生山，李霄 // 图书馆理论与实践. ——2016，no.12，23-26 页.

摘要：叙述和分析了图书馆图书采购被纳入政府招投标制度后，图书馆购书经费支出的变化、馆配商的供货与服务、图书市场的格局及馆配商的特点、图书采购市场存在的问题等现状。从加强与馆配商的沟通、保持多样化的采购方式、合理利用市场优势等方面给出了图书馆与馆配商合作共赢的图书采购措施和方法。

05　宁夏县级公共图书馆现状调研与分析 / 郭生山，张明乾，蒲涛 //
　　图书馆理论与实践. ——2017，no.12，88-93 页.

摘要：当前，宁夏县级公共图书馆的发展大多处于转型发展期。本文通过实地调查访谈、问卷调查、数据分析等方法，对宁夏县级公共图书馆的馆舍建筑、馆藏资源、数字化进展和人员组织等方面进行总体调研与分析，真实地呈现了宁夏县级公共图书馆当下的发展状况，并通过对现状的进一步分析评价，提出了切实可行的发展思路与建议。

哈 森

男，1957 年生，河北人，2008 年至 2017 年在馆，馆员。

论文

01　浅论公共图书馆的安全保卫工作 / 哈森 // 图书馆理论与实践.
　　——2010，no.5，88–90 页.

摘要：安全保卫是公共图书馆一项重要的工作内容。本文从安全文化理念、技防与人防关系、安全投入得失观、安保人员素质、突发事件处理以及宣传教育六个方面论述了如何做好公共图书馆的安全保卫工作。

韩 彬

男，1963 年生，宁夏固原人，2013 年入馆至今，研究馆员。

著作

01 宁夏回族自治区珍贵古籍名录图录 / 宁夏回族自治区图书馆，宁夏回族自治区古籍保护中心编. ——北京：国家图书馆出版社，2015. ——237 页，978-7-5013-5586-0（260.00）.

主编：韩彬

内容提要：本书收录宁夏地区 7 家收藏单位的古籍珍品，涵盖汉文、阿拉伯文等文种，共计 183 部。其中汉文古籍 168 部，包括木活字本 2 种、写本 8 种、抄稿本 6 种、刻印本 139 种、拓本 9 种、其他 5 种等。基本体现了宁夏境内古籍存藏的概貌，展现了宁夏地区古籍存藏丰富多样和独具异彩的民族地域特点以及其独特魅力。

02 宁夏图书馆馆藏精品集萃 / 韩彬主编. ——银川：宁夏人民出版社，2016. ——295 页，978-7-5525-2527-4（288.00）.

主编：韩彬

内容提要：本书共九章，图文并茂。分别介绍了宁夏图书馆所藏的各类代表性文献。每种文献的介绍均包含文献信息、图片和摘要。

03　中国图书馆年鉴 2016/ 中国图书馆学会，国家图书馆编. ——北京：国家图书馆出版社，2017. ——593 页，978-7-5013-6036-9（340.00）.

编委：韩彬

内容提要：反映 2015 年中国图书馆界发展状况。全文有图书馆活动图辑、特载、专文、图书馆事业、学术交流、法律法规与政策性文件、专业文献、统计资料、年度大事记、索引等内容。

04　"大数据环境下图书馆发展的机遇与挑战"论文集 / 宁夏回族自治区图书馆，宁夏图书馆学会编. ——银川：阳光出版社，2018. ——330 页，978-7-5525-4455-8（88.00）.

主编：韩彬

内容提要："西北五省（区）图书馆第十四次科学讨论会"共收到应征论文 147 篇，最终评选出一等奖 16 篇、二等奖 31 篇、三等奖 39 篇，本书精选了 50 篇论文编辑出版成论文集。

05　宁夏回族自治区图书馆古籍普查登记目录 /《宁夏回族自治区图书馆古籍普查登记目录》编纂委员会著，本书编委会编. ——北京：国家图书馆出版社，2018. ——240 页，978-7-5013-6522-7（160.00）.

主编：韩彬

内容提要：本书为全国古籍普查登记目录之一种。收入宁夏回族自治区图书馆收藏古籍 3067 种 35224 册 / 件。按照普查编号、索书号、题名卷数、作者、版本、册数、版式、存卷排列。

06　中国图书馆年鉴 2017/ 中国图书馆学会，国家图书馆编. ——北京：国家图书馆出版社，2018. ——628 页，978-7-5013-6409-1（380.00）.

编委：韩彬

内容提要：反映 2016 中国图书馆界发展状况。全文有图书馆活动图辑、特载、专文、图书馆事业、学术交流、法律法规与政策性文件、专业文献、统计资料、年度大事记、索引等内容。

07　中国图书馆年鉴 2018 / 中国图书馆学会，国家图书馆编. ——北京：国家图书馆出版社，2019. ——651 页，978-7-5013-6679-8（450.00）.

编委：韩彬

内容提要：反映 2017 年中国图书馆界发展状况。全文有图书馆活动图辑、特载、专文、图书馆事业、学术交流、法律法规与政策性文件、专业文献、统计资料、年度大事记、索引等内容。

08　中国图书馆年鉴 2019 / 中国图书馆学会，国家图书馆编. ——北京：国家图书馆出版社，2020. ——716 页，978-7-5013-6508-1（450.00）.

编委：韩彬

内容提要：反映 2018 年中国图书馆界发展状况。全文有图书馆活动图辑、特载、专文、图书馆事业、学术交流、法律法规与政策性文件、专业文献、统计资料、年度大事记、索引等内容。

09　中国图书馆年鉴 2020/ 中国图书馆学会，国家图书馆编. ——北京：国家图书馆出版社，2021. ——641 页，978-7-5013-7302-4（450.00）.

编委：韩彬

内容提要：反映 2019 年中国图书馆界发展状况。全文有图书馆活动图辑、特载、专文、图书馆事业、学术交流、法律法规与政策性文件、专业文献、统计资料、年度大事记、索引等内容。

论文

01 公共图书馆宣传推广机制构建 / 韩彬 // 图书馆学刊. ——2016,
   no.7，18-20 页.

摘要：建立公共图书馆宣传推广机制利于全面提升社会效益，服务群众生活。在分析公共图书馆宣传推广重要性和特点的基础上，提出构建公共图书馆宣传推广机制的举措，以期提升公共图书馆的利用水平。

02 西部图书馆联盟发展模式研究 / 韩彬，邱彩虹 // 图书馆理论与实践. ——2016，no.8，62-64 页.

摘要：随着西部大开发战略向纵深发展，西部地区经济社会发展水平得到稳步提升。但是图书馆事业发展水平却和经济社会发展程度相比，存在滞后现象，不能满足西部地区群众的知识诉求。为此，通过发挥联盟资金整合优势、提高资金利用效益、建立跨地区信息资源共享平台、建设特色馆藏资源数据库等举措，创建西部图书馆实施联盟发展模式，提高图书馆事业发展水平。

03 西部图书馆公益性数字化服务构建研究 / 韩彬 // 河南图书馆学刊. ——2016，no.10，126-127+135 页.

摘要：文章在研究西部图书馆数字化资源建设现状的基础上，结合地区实际，探讨了公益性数字化服务建设存在的困难，提出了西部图书馆公益性数字化服务构建举措，以期提高公益性数字化服务水平。

04 公共图书馆法人治理结构研究 / 韩彬 // 图书馆理论与实践. ——2016，no.12，63-65 页.

摘要：公共图书馆属于事业单位法人机构，建立法人治理结构是推动事业单位行政管理体制改革的有益探索。文章在阐述公共图书馆法人治理结构的概念及组成的基础上，研究了当前公共图书馆法人治理结构现状，明确了其中存在的问题，并提出了公共图书馆法人治理结构建立的路径。

05 阅读立法中的公共图书馆阅读推广／韩彬／／图书馆论坛.——2016，no.12，62-64页.

摘要：文章评介《公共文化服务保障法（草案）》《湖北省全民阅读促进办法》《江苏省人民代表大会常务委员会关于促进全民阅读的决定》《深圳经济特区全民阅读促进条例》《全民阅读促进条例》（征求意见稿）等阅读法规中的公共图书馆阅读推广规定，并对阅读立法目标和公共图书馆在阅读立法中的地位进行了简要的分析。

贾晓玲

女，1967 年生，山西原平人，1989 年入馆至今，馆员。

论文

01　图书馆事业是 PIR & CM 的主导性社会组织机制 / 张欣毅，贾晓玲 // 图书馆理论与实践.——2009，no.1，1–4 页.

参见 张欣毅论文 48

02　基于异构资源整合的宁夏区域复合图书馆模式研究 / 陈永平，贾晓玲 // 图书馆理论与实践.——2009，no.7，71–74 页.

摘要：大资源观是一种整合的资源观，对于推进公共信息资源的共建共享具有现实的指导意义。阐述了大资源观下的复合图书馆理念，进而提出了基于异构资源整合的区域复合图书馆模式，并以宁夏为例探讨了该模式的实现。

金晓英

女，1968 年生，浙江诸暨人，1999年入馆至今，副研究馆员。

论文

01 宁夏地区公共图书馆服务评估标准指标的构建 / 王岗，金晓英 // 图书馆理论与实践. ——2011，no.10，79-87 页.

参见 王岗论文 18

02 宁夏地区图书馆公共文化服务模式实践与发展 / 张萍，王淑霞，金晓英，任智慧 // 图书馆理论与实践. ——2013，no.11，77-79+94页.

摘要：公共文化服务体系建设是文化建设的重中之重。宁夏地区图书馆公共文化服务体系建设正处于发展阶段，服务模式具有地区特点。本文着重探究了宁夏地区图书馆公共文化服务模式的实践，并就其发展进行了思考，以期为提高宁夏地区图书馆公共文化服务能力提供借鉴。

03 总分馆制与图书馆联盟——浅析西部公共图书馆的发展路径 / 金晓英，张占武 // 图书馆理论与实践. ——2013，no.11，80-82 页.

摘要：图书馆总分馆制与图书馆联盟的研究近年来逐渐引起了业界同行的关注，并在一些地区已经付诸实践。西部地区公共图书馆发展采取总分馆制还是实施图书馆联盟，应根据西部的具体情况，实事求是，因地制宜，寻找到一条既适合当地图书馆事业发展要求，又与群众的文化信息需求相吻合的路径。

04 数字时代公共图书馆地方文献工作探析 / 宋玉军，金晓英 // 图书馆理论与实践. ——2014，no.11，77-79 页.
参见 宋玉军论文 01

05 信息活动对新媒体的作用 / 金晓英，黄亚茹 // 价值工程. ——2014，no.34，236-237 页.
摘要：网络信息的良莠不齐导致了新的社会问题的产生。人、信息、信息技术、信息市场、信息政策和法律构成了信息活动的主体，然而这些信息活动对新媒体产生积极作用的同时也产生了消极作用，例如网络媒体自由度、"把关人"地位以及传播方式的变化使得社会产生了新的信息伦理问题，所以信息社会需要通过对传统伦理进行梳理、取舍而形成一个健康的信息社会。

06 全民阅读视野下的老年读者阅读意愿分析 / 金晓英 // 图书馆理论与实践. ——2015，no.10，20-21 页.
摘要：从老年读者的阅读环境和条件、阅读资源和目的及数字阅读技能等方面分析了老年读者的阅读现状，并从全民阅读的视角提出了提升老年读者阅读意愿和阅读热情的对策与措施。

07 信息时代图书馆应如何应对"浅阅读"的消极影响 / 金晓英 // 科技情报开发与经济. ——2015，no.16，22-24 页.
摘要：阅读是人类获取知识和信息的基本手段和重要途径，有助于提高民族素质。文章从 4 个方面分析了大众阅读的变化，论述了"浅阅读"的影响，对公共图书馆如何应对"浅阅读"的消极影响，积极促进大众阅读进行了探讨。

菊秋芳

女，1963 年生，陕西华县人，1987—2018 年在馆，研究馆员。

著作

01　中国图书馆年鉴 2012/ 中国图书馆学会，国家图书馆编. ——北
　　京：国家图书馆出版社，2013. ——748 页，978-7-5013-4851-0
　　（340.00）.
　　参编：菊秋芳（宁夏回族自治区）234-235 页
　　参见 丁力著作 06

02　中国图书馆年鉴 2013/ 中国图书馆学会，国家图书馆编. ——北京：
　　国家图书馆出版社，2013. ——602 页，978-7-5013-5228-9
　　（340.00）.
　　参编：菊秋芳（宁夏回族自治区）191-193 页
　　参见 丁力著作 07

03　中国图书馆年鉴 2014/ 中国图书馆学会，国家图书馆编. ——北京：
　　国家图书馆出版社，2015. ——622 页，978-7-5013-5228-0
　　（340.00）.
　　参编：菊秋芳（宁夏回族自治区）193-196 页

参见 丁力著作 08

04　中国图书馆年鉴 2015/ 中国图书馆学会，国家图书馆编.——北京：
国家图书馆出版社，2016.——564 页，978-7-5013-5782-6
（340.00）.

特约编辑：菊秋芳

内容提要：本书反映 2014 年中国图书馆事业发展状况。全文有图
书馆活动图辑、特载、专文、图书馆事业、学术交流、法律法规与政策
性文件、专业文献、统计资料、年度大事记、索引等内容。

05　中国图书馆年鉴 2016/ 中国图书馆学会，国家图书馆编.——北京：
国家图书馆出版社，2017.——593 页，978-7-5013-6036-9
（340.00）.

特约编辑：菊秋芳

参见 韩彬著作 03

论文

01　论机读目录质量的控制 / 菊秋芳 // 图书与情报.——2000，no.
2，69-70 页.

摘要：文章介绍了机读目录的内在结构及其传统目录无法比拟的
优越性，指出了提高机读目录质量的重要性和措施方法。

02　文献多元泊松分布浅识 / 吉淑琴，菊秋芳 // 图书馆理论与实践.
——2000，no.2，38-39 页.

摘要：对国内关于文献多元泊松分布的研究进展做了简要评述，
对今后的相关研究方向提出了若干建议。

03　西方图书馆与图书馆学经典释义述评 / 菊秋芳，门淑华 // 图书馆

理论与实践. ——2000，no.4，35-36+67页.

摘要：从图书馆学流派与范式的视角，对西方图书馆学家的12种图书馆与图书馆学经典释义做了简述与评论。

04 试论《四库禁毁书丛刊》的文献学价值 / 李共前，菊秋芳 // 图书馆理论与实践. ——2001，no.4，48-49页.

摘要：《四库禁毁书丛刊》的文献学价值集中体现在三个方面：对"四库"文献体系的完善与贡献；对"四库"禁毁书的系统普查与清理；收录子目对诸多专门史研究的文献价值。

05 《湖北省公共图书馆条例》创新浅识 / 菊秋芳，李共前 // 图书馆理论与实践. ——2002，no.3，8-9页.

摘要：从数字图书馆与特色图书馆、文献购置费与年入藏文献量、地方文献呈缴本制度、公共图书馆的公益性与有偿服务、惩则等5个方面对《湖北省公共图书馆条例》的创新之处做了评价。

06 康有为对中国近代报业的贡献 / 曹海燕，菊秋芳 // 图书馆理论与实践. ——2005，no.1，51-52+94页.

参见 曹海燕论文 03

07 试论西部民族区域社区公共文化服务体系构建——以基层图书馆为例 / 菊秋芳，尚硕彤 // 图书馆理论与实践. ——2011，no.10，88-89+93页.

摘要：民族地区社区公共文化是文化建设的重要组成部分，它的发展与繁荣决定着"普遍均等公益"的文化服务理念能否实现。本文从思想意识、法律法规、管理体制和投入机制等方面阐述了社区公共文化服务体系中存在的问题。提出只有科学制定出台区域性公共文化服务体系建设及发展的中长期规划，制定《图书馆与读书振兴法》，在法律法规的保障下，基层图书馆文献资源共享的总分馆之路才能实现。

08 县级公共图书馆免费开放的实践与思考——以青铜峡市图书馆为例 / 王新梅，菊秋芳 // 图书馆理论与实践. ——2012，no.12，122-123 页.

摘要：本文以宁夏青铜峡市图书馆创新服务为案例，在全面免费开放的背景下，阐述了县级公共图书馆的创新服务理念、创新服务模式和创新服务功能，并分析探讨了县级公共图书馆免费服务中存在的问题及解决的办法。

09 全民阅读视野下的公共图书馆延伸服务 / 菊秋芳 // 图书馆理论与实践. ——2013，no.6，80-82 页.

摘要：从全民阅读的角度阐述了在网络信息传播技术迅速发展的变革时代，作为构建全民阅读社会中坚力量的公共图书馆，应借助高新技术成果，拓展、扩大延伸服务领域，创新、发展延伸服务方式和服务手段，以推动并保障全民阅读活动的深入开展和全民阅读社会的构建。

10 公共图书馆建筑共享空间多元化与人文关怀 / 庄青，谢恩莲，才波，菊秋芳 // 图书馆理论与实践. ——2014，no.6，75-78 页.

摘要：本文从城市图书馆的功能属性、形态特征、情感本质等层面切入，分析了建筑共享空间多元化的原因，结合图书馆共享空间的建筑设计实例，从人文关怀层面入手，分析、归纳公共图书馆建筑共享空间类型及特点。

11 基于法人治理结构的西部民族地区县域公共图书馆服务体系构建 / 菊秋芳 // 图书馆理论与实践. ——2014，no.10，86-90 页.

摘要：构建西部民族地区县域公共图书馆服务体系的关键在于其构建模式的选择和新型行政机制、管理体制的合理设置。建立法人治理结构下的总分馆新型行政机制和管理体制，组建理事会和管理执行层，重新明确政府与图书馆的权责关系，建立多元参与互动的建设主体和社会协同的公共治理新模式，是西部民族地区县域公共图书馆服务体系构建进程中的新方向。

12　公共图书馆建筑用电节能的技术措施 / 菊秋芳，庄青 // 中国图书馆学会年会论文集（2014 年卷）/ 中国图书馆学会编. ——北京：北京图书馆出版社，2014. ——698-704 页.

摘要：大型公共文化建筑由于建筑体量大，单位建筑面积能源消耗指标非常高，下面以公共图书馆建筑为例，来了解公共建筑能耗的组成。公共建筑使用能耗中，暖通空调使用所占能耗 40% 以上，《公共建筑节能技术标准》中提出的节能 50% 的目标，围护结构分担率 25%~13%，照明设备分担的节能率约 7%~18%，空调系统节能率约 20%~16%，根据以上能源消耗测定体系对近年公共图书馆建筑全年使用能耗的实测，解决好公共图书馆建筑全年的供热和制冷、空调和通风、照明的使用能耗，提高建筑中的能源利用效率，就能很好地实现公共图书馆建筑使用过程的用电节能，完成公共图书馆建筑节能潜力和综合效益超过 50% 的目标。为此，提出通过减少和降低供热，制冷能耗，合理选择系统冷热源、生活热水系统热源等技术措施，达到建筑节能，通过计量供热的技术与手段来实现图书馆建筑用电节能，通过提高照明系统的设置和相关设备的效率来实现图书馆照明用电节能。

雷彩红

女，1987年生，宁夏银川人，2010年入馆至今，助理馆员。

论文

01 浅谈图书馆图书编目业务外包的质量控制／雷彩红／／卷宗.——2018，no.2，85-86页.

摘要：图书编目工作是图书馆最基础和关键的一项业务，部分图书馆选择将该项业务外包。图书编目工作外包具有降低成本、提高效率、有效解决图书编目滞后的优点，但是它也带来了编目数据质量较低的问题。本文针对图书编目业务外包的现状，对数据质量问题出现的原因进行了分析，并提出改进和提高数据质量的5条建设性策略。

李 刚

男，1984 年生，宁夏同心人，2010 年入馆至今，助理馆员。

论文

01 宁夏数字文化网微信小程序的构建探究 / 李刚 // 价值工程. ——
2018，no.19，219-220 页.

摘要：在移动互联网时代，最热门的网聊工具非微信莫属了。文章
认为，宁夏数字文化网应顺应时代潮流，构建微信小程序为受众提供微
服务，其目的是让受众准确、快捷、有效地获取和利用这些地方特色资
源。同时，本文着重分析了微信小程序各种优势给资源推广带来的方便。

02 宁夏地区乡镇、村图书馆服务发展路径研究——原州区乡镇、村
图书馆服务现状调查 / 王岗，张明乾，李刚 // 图书馆理论与实践.
——2019，no.9，1-6 页.
参见 王岗论文 30

03 聚力精准扶贫 助推脱贫攻坚——宁夏回族自治区图书馆文化扶贫工
作纪实 / 张明乾，李刚，李亚楠 // 脱贫攻坚与图书馆作为——全
国图书馆扶贫案例集 /《图书馆杂志社》编. ——北京：国家图书
馆出版社，2020. ——325-337 页.
参见 张明乾论文 08

李海燕

女，1981 年生，陕西澄城人，2010 年入馆至今，副研究馆员。

著作

01 宁夏回族自治区珍贵古籍名录图录 / 宁夏回族自治区图书馆，宁夏回族自治区古籍保护中心编. ——北京：国家图书馆出版社，2015. ——237 页，978-7-5013-5586-0（260.00）.

第二编委：李海燕

参见 韩彬著作 01

02 宁夏图书馆馆藏精品集萃 / 韩彬主编. ——银川：阳光出版社，2016. ——295 页，978-7-5525-2527-4（288.00）.

第三编写：李海燕

参见 韩彬著作 02

03 宁夏回族自治区图书馆古籍普查登记目录 /《宁夏回族自治区图书馆古籍普查登记目录》编纂委员会编著，本书编委会编. ——北京：国家图书馆出版社，2018. ——240 页，978-7-5013-6522-7（160.00）.

副主编：李海燕

参见 韩彬著作 05

04　宁夏回族自治区二十家收藏单位古籍普查登记目录 /《宁夏回族自治区二十家收藏单位古籍普查登记目录》编委会编.——北京：国家图书馆出版社，2020.——438 页，978-7-5013-6877-8（288.00）.

副主编：李海燕

参见 尹光华著作 10

论文

01　试论少数民族图书馆的社会责任与可持续发展 / 李海燕 // 图书馆理论与实践.——2017，no.7，77-79 页.

摘要：履行社会责任是当前少数民族图书馆开拓思路、放眼长远以及实现可持续发展的必然选择。文章明确了少数民族图书馆社会责任的内涵，并基于民族地域性特征阐述了少数民族图书馆社会责任涵盖的内容，提出少数民族图书馆在履行这些社会责任时要基于自身特质，量力而行，并寻求政府和社会各方力量的合作。

02　宁夏图书馆藏古籍朱克敏题记五则略论 / 李海燕，李跃民 // 图书馆理论与实践.——2017，no.11，52-55 页.

摘要：作者在宁夏图书馆开展古籍普查登记工作时，发现《四书文言》及《经韵集字析解》两部古籍上有清代甘肃著名书画家朱克敏题记五则。文章梳理了朱克敏的生平事迹，简论宁夏图书馆所藏《四书文言》《经韵集字析解》上朱克敏五则题记的内容，并对题记所蕴含的文献价值略作论述。

03　宁夏图书馆藏范氏题记《兵书三种》考略 / 李海燕 // 图书馆理论与实践.——2018，no.9，109-112 页.

摘要：宁夏回族自治区图书馆藏有清末民初湖北黄陂政治文化名人范轼、范熙壬父子旧藏古籍《兵书三种》七卷，书内有范轼全文墨笔圈点、范熙壬墨笔题记二则，使得此书版本价值大增。文章在介绍了范轼、范熙壬父子生平简介的基础上，对馆藏《兵书三种》之内容、版本及范轼圈点、范熙壬题记作了简要的分析与考证。

李金瓯

男，1970 年生，北京人，1993—2019 年在馆，一级作家。

著作

01　"大数据环境下图书馆发展的机遇与挑战"论文集 / 宁夏回族自治区
　　图书馆，宁夏图书馆学会编. ——银川：阳光出版社，2018. ——
　　330 页，978-7-5525-4455-8（88.00）.
　　副主编：李金瓯
　　参见 韩彬著作 04

论文

01　因特网上的宁夏网站 / 李金瓯，贾志宏，李香梅 // 图书馆理论与
　　实践. ——2000，no.4，57-59 页.
　　摘要：在因特网上看宁夏的网站，比起发达地区来相对要少一些、
慢一些，但也不乏做得好的网站，如"宁夏科技信息网""cernet 西北
地区网宁夏结点中心""宁夏经济信息网""宁夏交通信息网""中
国公众多媒体通信网"的宁夏网站等。这些网站，网页美观大方，数
据丰富，突出宁夏特色，下面分别介绍我们所能查到的宁夏网站。

李克朴

男，1956 年生，山东人，1980—2016 年在馆，馆员。

论文

01 图书馆类称与个称浅识 / 李克朴 // 图书馆理论与实践. ——2000，
    no.3，26-29 页.

    摘要：对古今中外图书馆类称与个称的演变及其规律做简要的考
察与分析。

李 梅

女，宁夏泾源人，1966 年生，2007 年入馆至今，副研究馆员。

论文

01　略论公共图书馆为少儿特殊群体的特殊服务 / 李梅 // 图书馆理论
　　与实践. ——2012，no.4，109-110 页.

　　摘要：图书馆少儿读者中的特殊群体，可分为"阅读优势"和
"阅读弱势"两种。公共图书馆对于"阅读弱势"类少儿读者的特别服
务，应明确和坚持"注重四个效应"的原则，切实开展特色优质服务。

李梦竹

女，1992 年生，四川苍溪人，2017 年入馆至今，馆员。

论文

01 公共图书馆与学校开展教育合作的意义与途径 / 李梦竹 // "大数据环境下图书馆发展的机遇与挑战"论文集 / 宁夏回族自治区图书馆，宁夏图书馆学会编. ——银川：阳光出版社，2018. ——3-11页.

摘要：公共图书馆与学校因其知识交流的共同性、教育职能的互补性以及服务对象的统一性而具有密切的内在联系。因此，公共图书馆和学校应该更好去发挥各自的教育职责，开展形式多样、生动活泼的社会教育和服务活动，积极保持合作关系，以家庭教育活动、教师教学活动以及教育实践活动为联结点，在借鉴西方国家优质教育活动的同时，突出本土特色，进一步发挥公共文化服务的社会教育功能，达成紧密合作、相辅相成的教育合力。

02 西北五省（区）图书馆区域联盟的优化策略——以西北五省（区）图书馆科学讨论会发展情况为例 / 李梦竹 // 新时代西北地区图书馆创新与发展研究 / 肖学智主编. ——兰州：甘肃人民出版社，2020. ——17-25 页.

摘要：作为一个较为规范的学术共同体，西北五省（区）图书馆科学讨论会从学术研讨、工作交流等方面提高了业界同仁的工作能力，紧密了西北五省（区）图书馆的研究合作关系，是西北地区图书馆区域联盟的典型代表，但联盟发展的过程依然存在着合作内容不够多元、会议文献管理不够规范、区域联盟影响力不够广泛等问题。为此，提出落实活动提案，创新活动形式；规范文献管理，加强档案整理工作；提升区域特色，提高联盟影响力等策略，以期强化西北五省（区）图书馆联盟的组织权威性，打开联盟新格局。

李　沛

女，1970 年生，河北安平人，1989 年入馆至今，副研究馆员。

著作

01　宁夏电影史话 / 李庆跃，李沛编著. ——银川：宁夏人民出版社，
2009. ——286 页，978-7-227-04136-8（35.00）.

编著：李沛

内容提要：本书着重叙述的是宁夏地区 60 年来在电影事业上的发
展变化状况。其中，宁夏电影大事记（1949—2008）所查阅的大量资
料以及编纂工作由李沛完成（174-286 页）。

论文

01　深化图书馆教育职能　促进大学生素质教育 / 李沛，母瑞英 // 图书
馆理论与实践. ——2002，no.2，29-30+2 页.

摘要：从新世纪对人才素质的要求出发，论述了素质教育的特点
及其对高等教育、高校图书馆的影响，阐明并指出了高校图书馆在促
进大学生素质教育中所起的作用及实施方法与途径。

02　试论数字图书馆的产生、特征及其作用 / 孙彦峰，李沛 // 周末文
汇学术导刊. ——2006，no.2，146-148+3 页.

参见 孙彦峰论文 03

03 浅议图书馆立法 / 王志阳，李沛 // 图书馆理论与实践. ——2007，no.4，23–24+2 页.

摘要：回顾了我国图书馆立法的历史与现状，并就如何加快我国图书馆立法步伐、图书馆立法专项研究以及图书馆立法应涉及的主要内容等进行了阐述。

04 浅论民族地区图书馆地方文献资源建设 / 李沛 // 图书馆理论与实践. ——2011，no.3，91–92+2 页.

摘要：论述了民族地区图书馆在地方文献资源建设中的重要作用，并分析了民族地区图书馆在地方文献资源的收集、开发与利用中应该解决的若干问题。

05 略论图书馆免费开放存在的问题及对策 / 李沛 // 金陵瞭望·教育. ——2011，no.11，1+30 页.

摘要：图书馆的免费开放，代表着社会的进步不仅仅方便了人们的生活，更从侧面提高了国民素质。然而，图书馆实施免费开放之后出现了各种各样的问题，本文以这些问题作为切入点进行了深度研究，进而提出做好图书馆免费开放工作的有效措施。

李 霄

男，1988 年生，宁夏平罗人，2010 年入馆至今，馆员。

论文

01 招投标制度下图书采购对策的调适 / 郭生山，李霄 // 图书馆理论
与实践. ——2016，no.12，23-26 页.
参见 郭生山论文 04

02 浅析数字图书馆的信息服务工作/ 李霄 // 才智. ——2017，no.26，
247 页.

摘要：数字图书馆是以当代先进科技为基础而发展起来的新事物，
是在传统图书馆逐渐不能适应时代变化的产物，同时也是人们更为便
捷地获取信息和知识的重要途径。数字图书馆储存着大量的信息，其
内容之多，分类之广，给用户在使用上带来一定的难度，因而如何将
有用的信息快速、准确地反馈给用户，成为当前数字图书馆信息服务
工作的重中之重。本文首先分析了数字图书馆与传统图书馆的区别特
征，然后阐述数字图书馆在信息服务上的特点以及目前的不足，最后
为做好数字图书馆的信息服务工作提出几点建议。

李亚楠

女，1992 年生，宁夏中卫人，2017 年入馆至今，助理馆员。

论文

01 西北贫困地区县级公共图书馆服务模式调研——以宁夏固原地区县级公共图书馆为例 / 王岗，李亚楠，姚晓燕 // 图书馆理论与实践. ——2019，no.9，7–10.
参见 王岗论文 31

02 聚力精准扶贫 助推脱贫攻坚——宁夏回族自治区图书馆文化扶贫工作纪实 / 张明乾，李刚，李亚楠 // 脱贫攻坚与图书馆作为——全国图书馆扶贫案例集 / 《图书馆杂志社》编. ——北京：国家图书馆出版社，2020. ——325–337 页.
参见 张明乾论文 08

李 洋

男，1980 年生，宁夏永宁人，2005 年入馆至今，馆员。

论文

01 基层图书馆和图资管理探讨 / 李洋 // 现代职业教育. ——2016，
   no.36，187 页.

   摘要：随着现代社会的不断发展，人们对所需资源的利用追求也
正在发生巨大的思想改变。其中，作为公共文化学习场所的图书馆领
域，在进行现代化的图资管理中，需要结合社会发展形式，加强对不
同领域内的强制性分析，并以此来完善对图书馆图资管理方面的有效
管理。在进行这方面的研究过程中，文章从现有的管理层次以及综合
素质的培养作用进行了简要分析。

李 颖

女，1978 年生，宁夏中宁人，2015 年入馆至今，馆员。

论文

01 互联网思维下图书馆服务变革探讨 / 李颖 // 现代职业教育. ——
2017，no.27，201 页.

摘要：随着社会经济的发展，在社会实践中产生了思维意识，这
是人类精神中的一种特殊内容，而在互联网的基本因素中，互联网思
维具有重要的影响，互联网主要是采用互联网的方式对未来的问题进
行解决和思考。目前，互联网思维在图书馆行业来讲，虽然没有得到
普遍认识，但是已然对图书馆的服务及改革提供了一定的发展方向。

李迎春

女，1962 年生，湖北人，1983—2017 年在馆，馆员。

论文

01　文献信息社会过程的二元观照 / 李迎春 // 图书馆理论与实践.
　　——2003，no.3，42–44 页.

摘要：文献信息社会过程是一个宏观的二元建构——文献信息生成与交流，其自身呈二元互动关系，是人类文明的基础性结构。

李志麒

男，1985 年生，宁夏海原人，2010 年入馆至今，馆员。

论文

01　宁夏地区公共图书馆服务网点建设现状及思考——以宁夏图书馆为例 / 李志麒 // 内蒙古科技与经济. ——2017，no.7，121–122 页.

摘要：分析了宁夏地区公共图书馆服务网点的建设现状，同时以宁夏图书馆为例，针对服务网点存在的问题，提出了改进建议。

梁　杰

男，1966 年生，浙江安吉人，2008 年入馆至今，助理馆员。

论文

01　图书馆现代服务的生成及实现途径——基于知识管理角度 / 李雪冰，梁杰 // 图书馆理论与实践. ——2012，no.1，10-13 页.

摘要：在知识经济时代，知识管理是知识创新和增值的一种手段。图书馆是知识的集聚地，知识管理的水平决定着图书馆现代化服务的水平。提供高附加值知识产品的图书馆现代服务具有"两新四高"的特征，实现图书馆现代服务的途径在于提升服务质量，提升城市化水平，培养专业人才，同时把服务理念与文化融合到图书馆现代服务中。

02　图书馆读者服务的非技术因素分析 / 梁杰 // 东方企业文化. ——2012，no.20，145 页.

摘要：随着社会的不断发展，读者对图书馆服务工作的要求越来越高，图书馆管理者面临的首要问题就是如何满足读者越来越高的服务需求。在图书馆读者服务工作中，技术性手段的作用当然毋庸置疑，但是非技术因素的作用同样不容忽视。图书馆的非技术因素包括观念因素、服务形式、管理模式、学习环境等。本文着重分析了图书馆读者服务的非技术因素。

蔺炜丽

女，1962 年生，陕西人，1985—2017 年在馆，馆员。

论文

01　素质教育与图书馆服务 / 蔺炜丽 // 图书馆理论与实践. ——2001，
　　no.4，33-34 页.

　　摘要：面对学校素质教育的实施，图书馆应研究并掌握学生读者
的阅读需求与特点，采取相应措施，为他们提供更好的图书馆服务。

刘　丹

女，1991年生，河南巩义人，2013年入馆至今，助理馆员。

论文

01 浅谈绿色图书馆的实现策略／刘丹／／"大数据环境下图书馆发展的机遇与挑战"论文集／宁夏回族自治区图书馆，宁夏图书馆学会编. ——银川：阳光出版社，2018. ——31-36页.

摘要：在全社会日益重视节能减排的大背景下，图书馆作为重要的公共文化服务机构，在节约资源、环境保护等方面有着不可替代的责任，绿色图书馆由此应运而生。文章从绿色图书馆的含义出发，介绍了深圳市以及新加坡的图书馆的实践工作经验，从法律标准、图书馆建筑、绿色业务流程、环境素养教育等方面提出了建设绿色图书馆的策略。

02 电视朗读节目助推全民阅读——以《见字如面》为例／刘丹，刘欢／／办公室业务. ——2019，no.21，162-264页.

摘要：国民阅读率的高低对于国家与民族的兴衰有着巨大的影响，全民阅读对于我国建设创新型国家和学习型社会起着难以替代的作用。本文以黑龙江卫视《见字如面》节目为例，分析了电视朗读节目在推动全民阅读中的措施及意义，进而提出推动全民阅读的途径及策略。

刘 欢

男，1988 年生，宁夏隆德人，2013 年入馆至今，助理馆员。

论文

01　电视朗读节目助推全民阅读——以《见字如面》为例 / 刘丹，刘
　　欢 // 办公室业务.——2019，no.21，162-264 页.
　　参见 刘丹论文 02

02　公共图书馆网站数字资源服务能力提升策略研究 / 刘欢 // 价值工
　　程.——2019，vol.38，no.30，243-245 页.

摘要：公共图书馆网站数字资源服务能力关系着数字图书馆的发展和全民阅读的推广效果。本文通过梳理数字资源服务现状，从网站的可用性，数字资源推广，提供个性化服务以及树立品牌影响力四方面分析了目前数字资源服务方式中存在的问题，提出如何转变服务方式以及如何引入社交化元素以提升网站数字资源的服务能力。

刘换锁

男，1967 年生，甘肃天水人，1985 年入馆至今，馆员。

论文

01 浅谈现代图书馆后勤保障工作 / 刘换锁 // 图书馆理论与实践.
——2014，no.12，127-128 页.

摘要：随着现代化技术的迅猛发展，后勤工作在图书馆的地位和作用日益凸显，如何切实保护和合理利用资源以促进和保障节约型图书馆的运行和建设，是今后图书馆后勤管理的一个重要问题。

刘　劲

男，1977 年生，陕西神木人，2001 年入馆至今，副研究馆员。

论文

01　（再论）关于公共图书馆电子阅览室的思考 / 王岗，刘劲 //
图书馆杂志. ——2009，no.3，50-51+55 页.
参见 王岗论文 13

02　公共图书馆会展工作的开拓与思考 / 刘劲 // 图书馆理论与实践.
——2015，no.11，36-38 页.
摘要：随着现代化图书馆职能的变革与发展，展览成为公共图书
馆拓展服务的重要业务之一。本文以宁夏图书馆举办展览的实际情况
为例，探讨在展览工作过程中存在的问题及今后努力的方向。

03　谈"互联网 +"环境下公共图书馆讲座的现状与转型 / 刘劲 // 才
智. ——2017，no.21，271-273 页.
摘要：结合我国公共图书馆讲座发展现状以及在"互联网 +"环
境下公共图书馆讲座转型的可操作性，提出关于在"互联网 +"环境
下公共图书馆讲座如何开展的几点建议。

04　浅析数字环境下图书馆阅读推广模式 / 刘劲 // 才智. ——2017，no.23，262−264 页.

摘要：数字化时代的到来影响着图书馆的阅读模式，传统的图书阅读模式已经不再是人们获取知识的唯一途径，在数字化时代的今天，如何将图书馆阅读推广出去才是重中之重。不让阅读止于一种介质以及如何为图书阅读提供更广的发展空间，这才是数字环境下图书馆应面对的问题。本文将着重分析数字环境下图书馆阅读的内涵并探究适当的图书馆阅读模式，以期在未来的数字环境中有更广阔的阅读空间。

刘入七

男，1932—2001，甘肃天水人，1960 年至 1990 年在馆，馆员。

著作

01 中国分类主题词表 /《中国图书馆图书分类法》编委会编；刘湘生主编. ——北京：华艺出版社，1994.——6 册，7-80039-884-6（800.00）.

参加了 1986—1987 年的筹备工作：刘入七

参见 白放良著作 01

02 中国图书馆图书分类法（第 2 版）/ 中国图书馆图书分类法编辑委员会编. ——北京：书目文献出版社，1980. ——674 页，7201·5（13.00）.

参编 A 大类：刘入七

参见 高树榆著作 02

刘卫华

男，1965 年生，黑龙江宁安人，1985 年入馆至今，助理馆员。

论文

01 现代营销学视角下公共图书馆宣传推广策略研究 / 刘卫华 // 内蒙古科技与经济. ——2017，no.19，143-144 页.

摘要：分析了公共图书馆的宣传推广工作，阐述了公共图书馆宣传推广引入现代营销学理论的必要性，提出了在公共图书馆宣传推广中应用现代营销学的若干策略。

刘卫宁

男，1972 年生，山东人，1995 年入馆，离馆时间不详，馆员。

论文

01 苏禄东王后裔两份家谱的对比 / 郗玲芝，刘卫宁 // 图书馆理论与
    实践. ——2013，no.8，67-68 页.

摘要：明永乐十五年（1417），古苏禄国东王来华朝贡，归国途中
不幸染病去世，永乐帝以王礼将其葬于山东德州。王妃葛木宁，王子
安都鲁、温哈喇留下守墓。经过 300 多年的客居生活，东王后裔终在
清雍正年间以安、温二姓入籍中国，成为大清编民。留华的东王后裔
本着追本溯源、辨明血系的目的，分别在 20 世纪30 年代与 21 世纪初，
先后编修了《温安家乘要录》与《安氏族谱》两份家谱。

02 民族地区图书馆人才队伍建设实证研究——以宁夏图书馆为例 /
    任智慧，刘卫宁 // 图书馆理论与实践. ——2013，no.12，88-89 页.
    参见 任智慧论文 03

刘学华

女，1976 年生，宁夏中卫人，2010 年入馆至今，副研究馆员。

论文

01 浅谈公共图书馆如何更好地为少儿读者服务 / 刘学华 // 科技情报开发与经济.——2012，no.4，26-28 页.

摘要：为了让更多的青少年读者走进图书馆青少年借阅部，使有限的图书资源得到充分利用，必须加强馆藏建设，改变服务方式，提升服务理念，为青少年读者提供高效服务。

02 "一卡通系统"在宁夏图书馆流通工作中的应用探析 / 刘学华// 图书馆理论与实践.——2012，no.12，119-121 页.

摘要：本文介绍了一卡通系统在宁夏图书馆的应用现状，在介绍一卡通系统在各部门使用情况的同时，探讨了其应用中存在的问题和未来发展方向。

03 图书馆在指导中学生课外阅读中的作用 / 刘学华 // 华章.——2012，no.31，330 页.

摘要：为了更好地利用图书馆的各种资源，图书馆应与学校紧密配合，尽可能地为中学生读者课外阅读提供便利，让他们享受课外阅读带来的乐趣，使公共图书馆在指导中学生课外阅读的作用更加突显，并使公共图书馆成为学校教育的一种补充，真正让中学生在阅读中快乐成长。

04　浅谈图书馆如何更好地为老年读者服务 / 刘学华 // 科技情报开发与经济. ——2015，no.6，43-45 页.

　　摘要：随着社会的发展，我国人口老龄化现象日益加剧。文章介绍了我国老年人口现状，阐述了宁夏图书馆老年阅览室存在的问题，同时提出了更好地为老年读者服务的具体措施。

05　基于手机客户端"互联网＋移动图书馆"服务的构建与思考 / 刘学华 // 内蒙古科技与经济. ——2016，no.18，72-73 页.

　　摘要：通过对当前移动互联网客户数量发展及社区图书馆建设情况的分析，阐释了手机客户端"互联网＋移动图书馆"发展的必要性，概述了当前我国移动图书馆网站建设的状况，分析了移动客户端在图书馆实现的各种功能及发展的支撑，并给出和各种互联网移动图书馆的构建整合方式以及APP 客户端实现的各种功能。

06　公共图书馆与家庭阅读推广 / 刘学华 // "大数据环境下图书馆发展的机遇与挑战"论文集 / 宁夏回族自治区图书馆，宁夏图书馆学会编. ——银川：阳光出版社，2018.——80-86 页.

　　摘要：随着改革开放的进一步深化，我国越来越重视人民群众对文化的需求以及对精神文明的追求。家庭阅读作为一种新的文化形式，不但越来越受到人们的喜爱，而且也成为公共图书馆阅读推广的一项重要内容。本文从家庭阅读对孩子的影响和重要性入手，分析了家庭阅读推广中存在的问题，进而提出家庭阅读推广的策略。

刘玉霞

女，1958 年生，陕西人，1989—2013 年在馆，副研究馆员。

论文

01　民族文献、西部地方文献的研究与开发 / 刘玉霞 // 图书馆理论与
　　实践：中国西部图书馆事业发展战略东西部合作论坛会议专辑.
　　——2000，131-133 页.

　　摘要：地方文献是记录有某一特定地域知识的一切载体。在以信
息化为标志的知识经济时代，为响应西部大开发战略，研究和开发民
族文献与西部地方文献，对于西部地区特别是西部地区文献研究者来
说，既责任重大又任重道远。文章就民族文献与西部地方文献的研究
开发现状、存在的问题作了简述。

02　浅谈公共艺术与城市艺术的共生性 / 刘玉霞 // 科技与企业. ——
　　2014，no.3，194 页.

　　摘要：公共艺术与城市艺术是两个相对独立又相互依存的概念，
前者意味着城市公共空间中所体现出来的艺术特征，后者则是城市在
历史沉淀中所积累的文化与艺术的精华，二者对于城市的建设与发展
都具有十分重要的影响。公共艺术往往更为外在与张扬，城市艺术则
相对内敛与含蓄，前者在设计与形成时往往受到后者的影响，后者亦

会不断地得到前者的丰富与补充，亦即二者存在明显的共生特征。本文介绍了公共艺术与城市艺术的内涵，并对二者的共生关系进行了论述与说明。

03　浅论宁夏贺兰山岩画的艺术特点及其保护／刘玉霞／／大众文艺.
　　——2014，no.4，79-80页.

摘要：贺兰山岩画是延续了数万年的人类精神遗产，它不仅仅记录了我们祖先的生活和情感甚至虔诚的信仰，它更是人类宝贵的文化财富和记忆痕迹。但是近年来贺兰山岩画在很多方面都受到了很大程度的破坏，面对这种不可再生的精神遗产的被破坏，我们必须对贺兰山岩画进行相应的有效的保护，这是刻不容缓并且不可推卸的人类的责任。

娄晓灵

女，1965 年生，辽宁沈阳人，1990 年入馆至今，副研究馆员。

论文

01 浅谈新时期图书馆员的继续教育 / 娄晓灵 // 图书馆理论与实践.
——2006，no.1，42 页.

摘要：图书馆事业在新时期下要想生存和发展，就必须要改变图书馆员的知识结构。本文论述了图书馆员继续教育的重要性和迫切性，并提出了图书馆员继续教育的主要内容、途径和实施的办法。

02 图书馆数字化项目风险管理评估意义及措施 / 娄晓灵 // 宁夏党校学报.——2012，vol.14，no.6，60-63 页.

摘要：随着图书馆项目复杂性的增加，数字图书馆项目面临越来越多的风险。识别图书馆数字化项目的风险，加强图书馆项目风险管理已经成为项目管理的重要组成部分。

03 专业图书馆未来人才发展战略与核心能力建设 / 娄晓灵 //宁夏大学学报（人文社会科学版）.——2012，vol.34，no.6，182-184 页.

摘要：知识经济时代的到来为专业图书馆的发展带来了契机，不论是在信息的获取上，还是在文献资源整合的规范性上，专业图书馆借助信息网络技术和先进的管理策略，服务质量大幅提升，提供的各种服务日趋多样化，服务群体也日益扩大。但是，专业图书馆的发展也遭受各种挑战与冲击，从而导致不少专业图书馆在发展的过程中缺乏后劲。专业图书馆必须着力于人才发展战略与核心能力建设，唯有如此，才能推动专业图书馆获得可持续的发展。同时，文章还分析了专业图书馆人才发展战略与核心能力建设的重要性，并提出了相应的构建策略。

04　试谈图书馆文献资源的共建共享／娄晓灵／／图书馆理论与实践.
　　——2012，no.12，117–118页.

　　摘要：本文分析了图书馆文献资源共建共享的意义，阐明了在整体规划下如何组织实施协作采购来优化图书馆的馆藏结构，并提出了文献资源共建共享的基本对策。

陆祖强

男，1960 年生，江苏无锡人，1980—2020 年在馆，馆员。

论文

01 竞争机制与人员下岗／陆祖强／／图书馆理论与实践. ——1998，
no.3，61 页.

摘要：图书馆改革的紧迫性为社会所公认，也已引起了社会的关注，但为什么探索了十多年却仍无法取得实质性进展？笔者认为，从图书馆自身的情况寻根究底，主要还是管理体制的问题。图书馆应利用经济杠杆调整内部结构，优化内部环境，推动事业从守业型向创业型发展，在管理方式上也要从"书本位"到"人本位"进行转变。

吕晓佩

女，1983 年生，宁夏银川人，2008 年入馆至今，馆员。

著作

01 宁夏回族自治区图书馆古籍普查登记目录 /《宁夏回族自治区图书馆古籍普查登记目录》编纂委员会著，本书编委会编. ——北京：国家图书馆出版社，2018. ——240 页，978-7-5013-6522-7（160.00）.

编委：吕晓佩

参见 韩彬著作 05

02 中国图书馆年鉴 2017/ 中国图书馆学会，国家图书馆编. ——北京：国家图书馆出版社，2018. ——628 页，978-7-5013-6409-1（380.00）.

参编：吕晓佩（宁夏回族自治区） 184-188 页

参见 韩彬著作 06

03 中国图书馆年鉴 2018/ 中国图书馆学会，国家图书馆编. ——北京：国家图书馆出版社，2019. ——651 页，978-7-5013-6679-8（450.00）.

参编：吕晓佩（宁夏回族自治区） 170-175 页

参见 韩彬著作 07

04　中国图书馆年鉴 2019/ 中国图书馆学会，国家图书馆编. ——北
　　京：国家图书馆出版社，2020. ——716 页，978-7-5013-6508-1
　　（450.00）.

　　参编：吕晓佩（宁夏回族自治区） 221-226 页

　　参见 韩彬著作 08

05　中国图书馆年鉴 2020/ 中国图书馆学会，国家图书馆编. ——北
　　京：国家图书馆出版社，2021. ——641 页，978-7-5013-7302-4
　　（450.00）.

　　参编：吕晓佩（宁夏回族自治区） 174-179 页

　　参见 韩彬著作 09

论文

01　图书馆创新管理研究 / 吕晓佩 // 才智. ——2015，no.32，109-110 页.

　　摘要：当今社会经济、文化、科技快速发展，图书馆作为知识和
信息的储存库、中转站及传播平台，在整个社会中产生着重要作用。
受到信息化、网络化及数字化等外在社会环境的影响，图书馆管理体
制、理念、方法、对象及管理者等均出现问题，必须顺应时代发展及
读者需求，及时对图书馆管理进行创新和改变，才能够实现图书馆长
期、稳定及可持续发展。

吕 燕

女，1977 年生，河北辛集人，2008 年入馆至今，馆员。

论文

01 网络学术信息资源整合探究——以国外农业科技社团网站为例 /
葛欣旭，吕燕，颜蕴 // 图书馆理论与实践. ——2015，no.1，
59–62 页.

摘要：针对网络学术信息资源海量增长，科研用户面临"知识爆炸而信息贫乏"的困境，文章以国外农业科技社团网站为例，进行网络学术信息资源整合探究。研究在科技社团网站资源价值分析的基础上，提出构建国外农业科技社团资源整合平台，并通过对科技社团网站资源内容分析、用户调研分析，设计出资源整合平台框架结构。最后简要指出平台实现中需要注意的问题。

02 "用户友好"环境下 COUNTER 图书使用统计标准的失灵与警示/
董越，颜蕴，王鹭飞，葛欣旭，吕燕 // 图书馆理论与实践. ——
2016，no.2，65–69 页.

摘要：资源供应商为了迎合用户，竭力提升服务水平，创造"用户友好"的信息使用环境。然而，新环境却导致以 COUNTER 标准为例的一些现行规范或标准失灵。笔者通过深入解析最新 COUNTER 图

书使用统计特征，一方面揭示"用户友好"的运营环境如何影响该标准，另一方面说明图书馆在当前供需关系转变过程中所处的弱势地位，强调图书馆积极投身改革与创新的必要性。

03　地方公共图书馆中文报纸信息化服务思考 / 吕燕 // 农业网络信息.
　　——2016，no.9，120-122 页.

摘要：报纸因其信息量大、出版周期短、报道及时等特点，过去被公认为第一信息源，是地方公共图书馆重要馆藏与服务资源之一。然而，近代信息化技术的飞速发展，基本将报纸的特点优势完全覆盖。同时，深入到终端个人用户的服务模式，严重打击了图书馆传统的报纸服务与馆藏原有的价值。本文从研究报业发展局面入手，结合地方公共图书馆中文报纸服务现状与馆藏特点，提出四点适用于现代科技环境下的中文报纸服务建议，以为地方公共图书馆提高中文报纸服务水平提供参考和借鉴。

吕　毅

男，1966 年生，北京人，1986 年入馆至今，副研究馆员。

著作

01　宁夏回族自治区珍贵古籍名录图录 / 宁夏回族自治区图书馆，宁夏回族自治区古籍保护中心编. ——北京：国家图书馆出版社，2015.——237 页，978-7-5013-5586-0（260.00）.
　　主编：吕毅
　　参见 韩彬著作 01

02　宁夏回族自治区图书馆古籍普查登记目录 /《宁夏回族自治区图书馆古籍普查登记目录》编纂委员会著，本书编委会编. ——北京：国家图书馆出版社，2018.——240 页，978-7-5013-6522-7（160.00）.
　　主编：吕毅
　　参见 韩彬著作 05

论文

01　企业技术创新中企业图书馆信息服务的变革与思考 / 王崇林，吕毅 // 图书馆理论与实践. ——2008，no.4，134-136 页.
　　摘要：企业图书馆作为企业技术创新体系中一个重要的组成部分，

其信息服务工作直接关系到企业技术创新的成功与否。企业图书馆只有在信息服务上下功夫才能满足企业技术创新的需要。因此，企业图书馆必须加强信息资源建设，深化服务内容，创新服务方式，开展深层次的信息服务，只有这样企业图书馆才能跟上企业技术创新的步伐，与企业保持同步，促进企业图书馆的可持续发展。

02 基于信息共享空间的公共图书馆远程教育系统的意义与作用 / 吕毅 // 图书馆理论与实践. ——2009，no.6，71–73 页.
  摘要：论述了公共图书馆开展远程教育的意义与发展空间，进而论述了构建基于信息共享空间对于开展远程教育的作用。

03 利用专业论坛评估历史学者的资源需求 / 王岗，吕毅 // 图书馆理论与实践. ——2009，no.9，66–69 页.
  参见 王岗论文 14

04 公共图书馆开展学科服务的团队建设 / 张任跃，吕毅 // 图书馆理论与实践. ——2014，no.6，26–27 页.
  参见 张任跃论文 08

05 宁夏图书馆地方文献工作与研究 / 丁力，吕毅，王宏霞 // 全国地方文献工作与研究 / 湖南图书馆编. ——北京：国家图书馆出版社，2020. ——131–136 页.
  参见 丁力论文 16

马丽娜

女，1990年生，宁夏银川人，2016年入馆至今，馆员。

论文

01 基于社会网络分析的图书馆营销论文合著分析 / 马丽娜 // "大数据环境下图书馆发展的机遇与挑战"论文集 / 宁夏回族自治区图书馆，宁夏图书馆学会编. ——银川：阳光出版社，2018. ——37-47页.

摘要：营销是企业的一项重要职能也是一项经营哲学，随着营销思想逐渐渗透于图书馆实践中，相关研究及文献如雨后春笋般出现。文章基于社会网络分析方法，对图书馆营销文献合著现象进行分析，剖析出图书馆营销研究中的主要学术合作群体及其研究的热点问题，多角度揭示图书馆营销研究的发展趋势和方向，同时指出我国图书馆营销领域作者合著的特点、现状以及存在的问题，并以可视化的方式予以呈现。

02 跨系统区域图书馆联盟建设路径选择——以西北地区为例 / 马丽娜 // 图书馆. ——2020，12，67-74页.

摘要：文章基于文本分析视角，以28所对外发布"十三五"发展规划的省级公共图书馆为研究对象，从规划文本形态特征、体例结构、内容特征等方面进行解读与分析。通过对28所省级公共图书馆"十三五"规划共性内容的总结提炼，提出"十四五"时期省级公共图书馆规划编制的几点思考，旨在为规划的编制提供科学思路和智力支持。

马学林

男，1953年生，宁夏人，2001—2013年在馆，管理6级（副处级）。

论文

01 中国文献信息资源共建共享立法对策研究 / 罗萍，马学林 // 图书
    馆理论与实践. ——2001，no.4，19-21页.

摘要：论述了文献信息资源共建共享立法的迫切性、可行性和立法的主要框架构想以及立法中涉及的技术性问题。

02 关于建立中国文献信息资源共建共享工作指导委员会的构想 / 马
    学林 // 图书馆理论与实践. ——2002，no.2，11-13页.

摘要：提出了在中央最高行政权力机关建立领导指挥文献信息资源共建共享工作的机构设想以及该机构的工作思路，论述了建立中国文献信息资源共建共享工作指导委员会的可行性以及该委员会的权限、基本任务及其职能发挥等问题。

03 中华文明的辉煌展示——评大型历史文献专题片《跨越时空的文
    明》 / 马学林 // 求是. ——2002，no.16，61页.

摘要：中国五千年历史传承下来的优秀文化遗产，是我们进行爱国主义教育、历史文化传统教育和社会主义精神文明建设的宝贵资源。

不过，采取什么样的形式，才能让博大精深的中华历史文化走进广大群众却是非常值得研究的一个课题。我们高兴地看到，大型历史文献专题片《跨越时空的文明》在这方面作了有益的探索和大胆的创新。

04　论省级图书馆为地方立法决策的咨询服务 / 马学林 // 图书馆.——2004，no.2，56-57+44 页.

摘要：论述了开展省级图书馆为地方立法决策咨询服务的重要性、必要性和已经具备的条件以及如何开创新局面。

05　论建立民族地区图书馆事业发展的实施机制 / 杨丽芸，马学林 // 图书馆理论与实践.——2008，no.1，73-74 页.

摘要：展望了新世纪发展前景，分析了中国民族地区图书馆的现状，提出了建立总体全面规划、分类指导，法律保障三个方面的实施机制，并进行了论述。

闵星星

女，1988 年生，宁夏吴忠人，2011 年入馆至今，馆员。

论文

01 浅述网络环境下数字图书馆信息资源组织集成 / 闵星星 // 收藏与
   投资. ——2016，no.6，108–120 页.

摘要：随着用户对信息需求的日益扩大，人们对数字图书馆的要求也发生了改变，对信息的服务质量也有了更大的提高。本文浅述了网络环境下数字图书馆信息资源集成的理论、方法及模型构建。

勉琳娜

女，1972 年生，宁夏银川人，1992 年入馆至今，副研究馆员。

论文

01 建立宁夏地方文献收集网络体系 / 勉琳娜 // 图书馆理论与实践.
——2004，no.6，112–113 页.

摘要：通过对宁夏地方文献收藏现状的分析，提出了建立宁夏地方文献网络体系是发挥资源优势、实现资源共建共享的有效措施。同时，对该体系建立的依据及内容方法进行了阐述。

02 文化生态视域下少年儿童图书馆的服务与建设 / 勉琳娜 // 价值工程.——2011，vol.30，no.32，309–310 页.

摘要：本文分析了文化生态视域下西部地区少儿图书馆服务与建设存在的突出问题，提出了在实施"十二五"的新形势下加快少儿图书馆服务与建设的思路和途径。

03 集群数字图书馆系统应用与实践体会 / 勉琳娜 // 图书馆理论与实践.——2012，no.8，105–108 页.

摘要：本文结合宁夏回族自治区图书馆新馆实施数字图书馆建设的实际，论述了图书馆开展自动化业务管理和数字资源服务的一些基本情况以及在系统应用工作中的体会，并提出了加强系统管理与提升数字资源服务水平的意见和建议。

04　数字图书馆员提升专业服务的探究 / 勉琳娜 // 价值工程. ——
2013，vol.32，no.11，328-329 页.

摘要：随着数字化、信息化和网络化的深度发展，传统图书馆的
管理模式和人才队伍的培养已经无法满足人们的需求，而如何提升自
身的专业服务需要图书馆员们重新考虑作为一个信息专业人员的新角
色。因此，解决数字图书馆员的教育问题就显得非常的重要和急迫，
许多国家都已开展对数字图书馆员的教育，尽管方法不同，但面临的
问题类似。文章在分析数字环境下图书馆员提升专业素质必要性的基
础上，对如何提升自身的专业素养的提升提出几点看法。

05　数字化时代公共图书馆阅读促进活动研究 / 勉琳娜 // 内蒙古科技
与经济. ——2018，no.11，139-140 页.

摘要：介绍了公共图书馆开展全民阅读活动的缘由，分析了数字
时代社会阅读的特点，论述了数字阅读背景下公共图书馆如何开展全
民阅读促进活动。

06　数字阅读对未来图书馆塑造 / 勉琳娜，苏亚平 // 价值工程. ——
2018，vol.37，no.25，214-215 页.

摘要：新时期发展背景下，网络信息技术取得了创新性进展，无
论是阅读方式还是阅读习惯均出现了翻天覆地的变化，在此情况下数
字阅读逐渐产生并获得广泛应用，进一步促使阅读呈现出多元化、数
字化趋势。本文主要对数字阅读对图书馆塑造存在作用进行分析。

07　文旅融合机制下公共图书馆的取向探析 / 丁劼，勉琳娜，陈春霞 //
"新时代西北地区图书馆创新与发展研究" / 甘肃省图书馆学会，
甘肃省图书馆编. ——兰州：甘肃人民出版社，2020，39-44 页.
参见 丁劼论文 02

母瑞英

女，1957 年生，安徽人，1975—2012 年在馆，馆员。

论文

01　深化图书馆教育职能 促进大学生素质教育 / 李沛，母瑞英 // 图书馆理论与实践. ——2002，no.2，29-30 页.
　　参见 李沛论文 01

02　浅谈公共图书馆在西部大开发中的地位与作用 / 姜华，母瑞英 // 图书馆理论与实践. ——2002，no.3，71-72 页.
　　摘要：在西部大开发中，公共图书馆应充分认识自身的地位和作用，为提高劳动者素质、普及科学技术、提高科技水平，为西部地区经济发展作出应有贡献。

03　信息时代图书馆员知识结构的完善 / 母瑞英 // 图书馆理论与实践. ——2003，no.3，25-26 页.
　　摘要：在信息时代这一全新的社会背景下，如何调整、完善图书馆员的知识结构体系，使之更适应现代图书馆工作的要求，谈了几点认识。

倪 漪

女，1966年生，上海人，1985年入馆至今，馆员。

论文

01 图书馆内容型和服务型网站建设的研究 / 倪漪，张任跃 // 价值工程. ——2012，no.14，167-168 页.

摘要：图书馆网站的建设向内容型、服务型网站发展是将来的必行之路。

02 当代图书馆科学发展内涵的若干思考 / 倪漪 // 青春岁月. —— 2013，no.19，467 页.

摘要：图书馆科学发展的内涵由图书馆存在的意义、发展目的、发展方法、实现效益目标的生态路径等主要内容构成。图书馆存在的意义是促进社会生产力的发展；图书馆发展的目的是通过促进已知的生产力向新的科学技术的转化，并使新的科学技术促成更高水平生产力的生成；图书馆发展的方法是实现图书馆的"知识管理"；图书馆实现效益目标的生态路径有沿生产力发展的路径所设计的生态路径及按照知识管理的工作目标所设计的生态路径两条。

蒲　涛

男，1968 年生，四川崇州人，1999 年入馆至今，馆员。

著作

01　2012 宁夏文化蓝皮书 / 杨春光主编. ——银川：宁夏人民出版社，
　　2011. ——247 页，978-7-227-04962-3（42.00）.

　　参编：蒲涛，负责 2011 年宁夏文化信息资源共享工程发展报告
部分

　　内容提要：《2012 宁夏文化蓝皮书》在全面反映我区文化发展面
貌的基础上，突出了我区在文化体制改革、文化产业、精神文明创建、
农村公共文化建设和精神文明建设等方面的工作成绩，体现了我区哲
学社会科学工作者更加关注实践、关注民生、关注热点的精神，切实
推出了一批有深度有价值的研究成果。

论文

01　宁夏县级公共图书馆现状调研与分析 / 郭生山，张明乾，蒲涛 //
　　图书馆理论与实践. ——2017，no.12，88-93 页.
　　参见 郭生山论文 05

齐晓升

男，1981 年生，陕西千阳人，2010 年入馆至今，馆员。

著作

01　宁夏回族自治区图书馆古籍普查登记目录 /《宁夏回族自治区图书馆古籍普查登记目录》编纂委员会著，本书编委会编. ——北京：国家图书馆出版社，2018. ——240 页，978-7-5013-6522-7（160.00）.
　　编委：齐晓升
　　参见 韩彬著作 05

02　宁夏回族自治区二十家收藏单位古籍普查登记目录 /《宁夏回族自治区二十家收藏单位古籍普查登记目录》编委会编. ——北京：国家图书馆出版社，2020. ——438 页，978-7-5013-6877-8（290.00）.
　　编委：齐晓升
　　参见 尹光华著作 10

强幼莉

女，1959 年生，陕西人，2009—2014 年在馆，馆员。

论文

01　图书馆网络信息服务创新 / 强幼莉 // 图书馆理论与实践.——
　　2007，no.6，27−28 页.

　　摘要：文章介绍了国内外有代表性的网络服务模式，认为网络环境下信息服务创新应做好两方面的工作：信息资源建设和网络系统建设，同时对开展创新信息服务需解决的问题提出了建设性思路。

钱拱辰

男，1932—1992 年，籍贯不详，1963—1992 年在馆，副研究馆员。

著作

01 中国分类主题词表 /《中国图书馆图书分类法》编委会编；刘湘
生主编. ——北京：华艺出版社，1994. ——6 册，7-80039-884-6
（800.00）.

参加 1986—1987 年的筹备工作：钱拱辰

参见 白放良著作 01

论文

01 银川地区部分图书馆工作者座谈工作重点转移问题 / 钱拱辰 // 宁
夏图书馆通讯. ——1979，no.创刊号，43-44 页.

摘要：最近，宁夏回族自治区图书馆学会邀请银川地区各系统图
书馆的部分同志，就图书馆工作重点转移到为社会主义现代化建设服
务上来的问题进行了座谈。参加座谈的同志事先学习了党的十一届三
中全会公报和五届人大二次会议有关文件，并根据本馆的实际情况作
了发言准备。会上大家心情舒畅，畅所欲言，谈了以下看法：思想转
移是前提。大家谈到，要搞好工作重点的转移，首先要解决思想认识。

02　加强图书馆学研究 积极为四化服务 宁夏回族自治区图书馆学会正式成立 / 钱拱辰 // 宁夏图书馆通讯. ——1979, no.创刊号, 3 页.

摘要：根据中国图书馆学会筹委会要求，宁夏回族自治区图书馆学会经区党委宣传部批准正式成立。6 月 26—30 日在银川举行了成立大会。来自全区公共图书馆、高等院校图书馆、科研单位图书馆（资料室）以及工矿图书馆等 28 个单位的领导干部和会员代表 60 多人参加了会议。与会代表学习了革命导师关于图书馆工作的论述和有关文件，讨论通过了宁夏回族自治区图书馆学会章程和 1979 年下半年学会活动计划，选举产生了由 13 名同志组成的第一届理事会。

03　中国图书馆学会讲师团来银讲学侧记 / 钱拱辰 // 宁夏图书馆通讯. ——1981, no.3, 11–12 页.

摘要：6 月 8 日—16 日，区图书馆学会在银川市科技情报所礼堂召开了由中国图书馆学会讲师团主讲的学术报告会。会上讲师团的 3 位同志，分别作了"图书馆的科学管理""中国图书馆学会成立以来的工作情况及今后展望""图书分类法体系结构的分析与应用""主题法与汉语主题词表""智力资源开发与文献工作的意义""我国图书馆事业的现状及其发展趋势"等 6 个专题的学术报告，受到了与会者的热烈欢迎。会后，区图书馆学会根据报告人所讲的专题内容，分别组织了"图书馆管理工作""图书分类法与主题法""智力资源开发与文献工作"3 个座谈会。

04　宁夏图书馆三十年的发展 / 钱拱辰 // 图书馆理论与实践. ——1988, no.3, 9–14 页.

摘要：回顾我馆过去 30 年的发展历程，总结 30 年来的主要成就、基本经验和教训。展望未来，对于进一步提高我馆为科学研究服务、为经济建设服务以及为广大人民群众服务的水平，具有十分重要的现实意义。宁夏回族自治区图书馆成立于 1958 年10 月，是中华人民共和

国成立后建立的一所民族地区省级综合性公共图书馆。现有藏书 130
多万册，馆舍 1 万多平方米，工作人员 100 名。

05　西北五省（区）图书馆第三次科学讨论会综述 / 钱拱辰 // 图书馆
　　理论与实践. ——1988，no.4，74–76 页.

　　摘要：为了使西北五省（区）的图书馆事业、图书馆改革深入发
展，使其更好地服务于开拓大西北、建设大西北的宏伟事业，8 月 1
日至 5 日在银川召开了"西北五省（区）图书馆第三次科学讨论会"，
这次讨论会是继西宁、乌鲁木齐会议之后的第三次盛会。

钱 宁

男，1963 年生，黑龙江齐齐哈尔人，1982 年入馆至今，馆员。

论文

01 对加快图书馆立法及法治环境建设的思考 / 钱宁 // 图书馆理论与
实践. ——2001，no.4，22-24 页.

摘要：文章认为，当前我国图书馆法治化建设要从两个大的方面予以推进：一是从宏观上采取积极措施，加快图书馆法立法的步伐；一是从微观上努力营造法治环境，不断推进依法治馆。

邱 勇

男，1981 年生，宁夏固原人，2017 年入馆至今，馆员。

著作

01 中国素质教育创新研究 / 伟浩，杨波，杨芝红主编. ——北京：光明日报出版社，2018. ——370 页，978-7-5194-1915-8（48.00）.

编委：邱勇

内容提要：实施素质教育，就是全民贯彻党的教育方针，以提高国民素质教育为根本宗旨，以培养学生的创新精神和实践能力为重点，造就"有理想、有文化、有道德、有纪律"的德智体美劳全面发展的社会主义事业接班人。为了展示实施素质教育近年来的教育成果以及总结各类教育教学改革的成功经验，特征集全国教育优秀论文，编辑出版这套大型教育文献书。

02 数字时代图书馆与情报服务研究 / 肖静，张慧敏著. ——长春：吉林科学技术出版社，2019. ——150 页，978-7-5578-6143-8（52.00）.

分章主编：邱勇（第四章、第五章），70-110 页。

摘要：在数字时代，随着 5G 时代的到来，互联网呈现出爆炸式的增长方式，数字资源及其数字图书馆的建设正在加强，馆藏结构调整更新的云服务丰富了资源的内容，增加了资源的层次，顺应了用户新时代的需要。由电子报刊、电子图书等数字资源构成的虚拟馆藏与纸本物理馆藏,共同成为图书馆提供信息服务的基础。

论文

01 闸堰测控一体化系统在扬水灌区的应用研究 / 李小龙,邱勇 // 人民黄河. ——2016,vol.38,no.12,144-148 页.

摘要:以盐环定扬水工程为例,介绍了引进的直开口闸门测控一体化系统结构组成及建设内容,从测流准确性、闸门反应时间、开度准确性、可靠性等方面对干渠直开口闸堰测控一体化系统运行情况进行评估,综合评估认为该系统功能全面,运行可靠,数据准确,可在明渠输配水工程中应用并推广。

02 桌面云虚拟化管理系统在宁夏图书馆的应用 / 邱勇 // 中国管理信息化. ——2017,vol.20,no.15,151-154 页.

摘要:宁夏图书馆是宁夏全区人民提升文化素养、文化修养的公共场所。近年来随着云计算、大数据、互联网等信息技术的快速发展,传统桌面系统已经不适应时代发展,宁夏图书馆在数字图书馆建设中,应用服务器虚拟化 + 桌面云虚拟化 + 瘦客户机桌面云方案,实现了桌面维护简单化、业务数据集中化管理。

03 宁夏图书馆信息化管理现状探究 / 邱勇 // 中国科技信息. ——2017,no.18,116-118 页.

摘要:随着宁夏图书馆数字推广工程的基层图书馆互联互通、推广与运维、数字支撑平台、综合能力提升等项目的实施,宁夏图书馆信息化有了质的飞跃。本文对宁夏图书馆信息化实际情况、现状及存在问题提出了相应的意见和对策。

04 关于高职院校国防教育与素质教育的探究 / 邱勇 // 新校园. ——

2018，no.5，22—24 页.

摘要：本文在分析高职院校开展国防教育及素质教育必要性和重要性的基础上，探讨了两者之间的关系，提出了优化高职院校教育模式的有效措施。

05 浅析开放获取环境下宁夏回族自治区图书馆服务的挑战和机遇／邱勇／／"大数据环境下图书馆发展的机遇与挑战"论文集／宁夏回族自治区图书馆，宁夏图书馆学会编.——银川：阳光出版社，2018.——249—254 页.

摘要：随着互联网、物联网、大数据、云计算等技术的飞速发展和成果应用，开放获取这种非传统的学术资源获取方式将对图书馆服务带来挑战和机遇。

06 虚拟现实技术在宁夏回族自治区图书馆的应用／邱勇／／"大数据环境下图书馆发展的机遇与挑战"论文集／宁夏回族自治区图书馆，宁夏图书馆学会编.——银川：阳光出版社，2018.——245—248 页.

摘要：随着虚拟现实技术在图书馆行业的应用，图书馆将为用户提供超越地域、超越空间、超越时间的信息服务，这种服务可以为读者提供一个伴有图像、声音和触摸感的虚拟信息服务。

07 虚拟化技术在数字图书馆中的应用——以宁夏图书馆为例／邱勇／／信息通信技术.——2019，vol.13，no.6，77 80 页.

摘要：随着互联网、大数据、云计算、虚拟化等信息技术的融合发展，数字图书馆建设得到了迅速发展。本文就虚拟化技术概念、桌面云虚拟化、服务器虚拟化、存储虚拟化、虚拟化云计算管理应用等进行浅析。

08 大数据可视化技术在数字图书馆中的应用 / 邱勇 // "新时代西北地区图书馆创新与发展研究"论文集 / 肖学智主编. ——兰州：甘肃人民出版社，2020. ——131–140 页.

摘要：随着大数据可视化技术日益成熟并在各行各业的成功应用，宁夏回族自治区图书馆为了提高数字图书馆现代化、信息化、智能化管理水平及服务广大读者水平，结合宁夏图书馆数字图书馆建设应用现状，将大数据可视化技术与宁夏数字图书馆进行有效融合，大大提高数据信息分析和应用能力。

饶钰馗

男，1922—1997 年，湖北恩施人，1960 年至 1984 年在馆，馆员。

论文

01 延安鲁迅艺术学院史料目录（初稿）/ 饶钰馗 // 宁夏图书馆通讯.
——1979，no.创刊号，34-42 页.

摘要：《延安鲁迅艺术学院史料目录》（初稿）系十多年前本人在宁夏图书馆工作期间编写而成，目的在于为中国近代艺术史与艺术教育史之研究者提供资料，并纪念本人在鲁艺度过的那段值得怀念的读书生活。由于资料有限，其间又因故丢失不少，所以本目录（初编）难以反映鲁艺历史之貌，错误之处，在所难免。而报颜公之于世者，冀有更完整之鲁艺史料目录问世之故耳。

02 抗日战争时期延安出版之丛书目录（初稿）/ 饶钰馗 // 宁夏图书馆通讯.——1980，no.1，46-48 页.

摘要：为给中国现代出版史提供资料，特编著此目录。本目录系根据《解放周刊》《中国文化》《解放日报》《中国现代出版史料》等出版物著录而成。因资料较少，对延安出版之各种丛书当有未予著录者。而已著录之各类丛书中之书籍亦恐有遗漏，唯待发现新的资料后再予增补，达成完璧，以飨读者。

任 娟

女，1974 年生，宁夏惠农人，2014 年入馆至今，馆员。

论文

01 图书馆阅读推广中存在的问题与对策探讨 / 任娟 // 科技展望.
——2016，no.27，238+337 页.

摘要：当今时代是知识的时代，而读书与阅读是获得知识的重要
途径之一。公共图书馆是公众获取知识以及休闲娱乐的公共场所，同
时在全民阅读推广活动中起到重要的作用。其作为倡导读书，组织读
书并服务读书的重要场所，可引导公众多读书、读好书、好读书，同
时也促进图书馆阅读推广活动规范化、常态化、品牌化开展。本文主
要通过分析图书馆阅读推广的意义和阅读推广中存在的主要问题，从
多元化角度提出推广阅读的策略，以期解决该问题，并为图书馆阅读
推广活动的进一步发展提供思路。

02 "第三文化空间"视域下公共图书馆实践探微 / 任娟 // 内蒙古科
技与经济.——2019，no.18，2+123 页.

摘要：介绍了"第三文化空间"与"第一文化空间""第二文化
空间"的区别及其特点，总结了国内公共图书馆，主要是宁夏图书馆
基于"第三文化空间"的创新做法。

任 宁

男，1953 年生，山西人，1978—2013 年在馆，馆员。

论文

01 图书馆与科学技术、社会经济历史发展过程中的趋同性和图书
     馆事业的未来趋势 / 任宁 // 河南图书馆学刊. ——1994，no.s1，
     3 页.

摘要：在一般人看来，图书馆作为文化教育事业的服务保障部门，
不过是藏书借书的场所，与社会经济和科学技术没有什么很直接的关
系。研究认为，图书馆在科学技术、社会经济历史发展过程中具有某
种意义上的趋同性，在一定程度上这也预示了图书馆事业的未来发展
趋势。

任 蓉

女，1982 年生，宁夏银川人，2011 年入馆至今，助理馆员。

论文

01 大数据时代图书管理员角色定位与素养提升策略探究 / 任蓉 // 内
蒙古科技与经济. ——2018，no.20，127-128 页.

摘要：图书管理员作为图书馆事业的核心，在大数据时代的背景
下，他们的角色定位和专业素养的高低直接决定着图书馆的发展进程。
本文主要从大数据时代图书管理员的角色定位入手，探究图书管理员
应具备的专业素养及提升策略。

任　蕊

女，1978 年生，宁夏银川人，2001 年入馆至今，馆员。

论文

01　公共图书馆与阅读文化建构 / 任蕊 // 图书馆理论与实践.——
2010，no.4，81-82+88 页.

摘要：阅读文化建设是社会文化建设的基础。图书馆是培养公众
阅读兴趣、情感、习惯的主要场所，通过培养读者阅读习惯、加强引
导、创新服务等手段，可以为公众提供各种有益的阅读服务，进而构
建和谐的社会阅读文化。

02　如何把 15 美分变成 1 美元——降低电子藏书建设成本的策略 /Apryl
Price，王岗，任蕊编译 // 图书馆理论与实践.——2010，no.6，
77-79+91 页.

参见 王岗论义 16

任智慧

男，1955 年生，山西人，2007—2015 年在馆，管理 5 级（正处级）。

论文

01 新形势下宁夏图书馆人才队伍建设探讨 / 任智慧 // 宁夏党校学报.
——2013，no.5，71-73 页.

摘要：人才是我国经济社会发展和科技进步最重要的资源，也是
文化事业繁荣发展的关键。为了打造"文化强区"的战略需要，宁夏
图书馆积极完善各项制度，力求培养造就一支积极进取、开拓创新的
高素质、复合型专业人才队伍。

02 宁夏地区图书馆公共文化服务模式实践与发展 / 张萍，王淑霞，金
晓英，任智慧 // 图书馆理论与实践.——2013，no.11，77-79+94 页.
参见 金晓英论文 02

03 民族地区图书馆人才队伍建设实证研究——以宁夏图书馆为例 / 任
智慧，刘卫宁 // 图书馆理论与实践.——2013，no.12，88-89 页.

摘要：人才的缺乏已成为制约民族地区图书馆转型升级和发展的首要
因素。本文以宁夏图书馆为例，在调查研究其馆员队伍基本情况及现状的
基础上，提出在网络信息化环境下，民族地区图书馆必须从创新人才的培
养机制、使用机制和管理机制等方面加强人才队伍建设及人力资源储备。

尚硕彤

女，1968 年生，山西汾阳人，1991 年入馆至今，副研究馆员。

论文

01　开展定题文献服务的时间与认识 / 郑兴华，尚硕彤 // 图书馆理论
与实践. ——1999，no.1，54-55 页.

摘要：任何一项科研课题的完成，都必须经历课题论证、课题研
究和课题鉴定三个阶段，而各个阶段任务的完成，又必须以占有相当
数量的相关文献资料为前提条件。因此，广大科研工作者特别需要定
题文献服务进行课题论证。

02　公共图书馆的社会责任探析 / 尚硕彤，屈冠军，朱怡钧 // 图书馆
理论与实践. ——2009，no.11，89-91 页.

摘要：从公共图书馆是一个公益性的公共组织这一角色出发，就我
国公共图书馆如何在现阶段更好地履行其基本责任进行了分析与探讨。

03　试论西部民族区域社区公共文化服务体系构建——以基层图书
馆为例 / 菊秋芳，尚硕彤 // 图书馆理论与实践. ——2011，no.10，
88-89+93 页.

参见 菊秋芳论文 07

04 公共图书馆如何推进全民阅读——以宁夏图书馆为例 / 尚硕彤 // 图书馆理论与实践. ——2011，no.11，51-53+76 页.

摘要：近年来，我国公共图书馆积极推行全民阅读活动，对提高公民综合素质，构建和谐社会发挥了非常重要的作用。宁夏图书馆创新服务理念构建起丰富的文献信息资源体系，为公民提供良好的阅读环境，引导公民正确阅读，充分发挥了公共图书馆的职能作用。

05 儿童有声阅读推广策略探析 / 尚硕彤，蒋若晴 // 传媒论坛. ——2018，no.8，142-143 页.

摘要：新媒体时代下，儿童接受教育的途径发生了很大的改变，本文从儿童对儿童有声读物的需求以及有声阅读对儿童成长发育所起到的重要意义进行分析，阐述了图书馆进行儿童有声阅读推广需要运用的具体策略。

06 探讨宁夏地方文献的收集工作 / 尚硕彤 // 智库时代. ——2018，no.8，173+177 页.

摘要：宁夏地方文献作为西北地区的特色文献，其收集工作是宁夏图书馆开发与利用地方文献、为宁夏图书馆事业发展提供信息的基础保障。本文就宁夏图书馆地方文献的收集现状与不足，提出了积极开展收集工作的具体建议与措施。

07 公共图书馆地方文献资源建设与服务模式探析 / 尚硕彤 // 传媒论坛. ——2018，no.10，150-151 页.

摘要：网络信息时代对图书馆地方文献资源建设及服务模式提出了更高的要求，文章结合实践工作经验阐述了民族地区公共图书馆地方文献资源建设中的不足之处，提出了利用网络化、数据化的手段建设民族文献资源的策略，探讨如何进一步提升民族地区公共图书馆地方文献服务的能力。

08 西北地区地方文献的开发与利用——以宁夏图书馆为例 / 尚硕彤 // 中国民族博览. ——2018，no.12，251-252 页.

摘要：本文阐述了宁夏图书馆地方文献的收藏范围、收藏现状以及图书馆在开发和利用宁夏地方文献方面所作出的成绩，针对不足之处，提出了切合实际的开发和利用途径。研究认为，要充分利用宁夏地方文献，为宁夏的文化和经济建设提供信息保障。

09 基于我国移动有声 APP 平台发展视角的公共图书馆有声阅读服务现状与分析——以宁夏地区公共图书馆为例 / 尚硕彤，蒋若晴 // 图书馆理论与实践. ——2018，no.12，71-74 页.

摘要：近年来，有声阅读这一新兴的阅读模式正在快速发展，有数据显示，2018 年有声读物市场可达 45 亿元。当公共图书馆与有声阅读发生碰撞，公共图书馆在网络环境下将怎样构建有声阅读平台？文章对我国现有有声平台的发展现状进行了详细陈述与分析，并以宁夏地区公共图书馆开展有声阅读服务为例，就公共图书馆在开展有声资源建设及有声阅读推广服务等方面提出了具体的建议与措施。

10 公共图书馆开展有声阅读推广之探讨——以宁夏图书馆为例 / 占红霞，尚硕彤 // "中国图书馆学会年会"论文集（2019 年卷）/ 中国图书馆学会编. ——北京：国家图书馆出版社，2019. ——321-326 页.

参见 占红霞论文 06

11 公共图书馆有声阅读资源建设及推广策略探究 / 尚硕彤 // 出版广角. ——2020，no.8，86-88 页.

摘要：有声阅读作为一种全新的阅读模式，逐渐被广大用户所接受。而公共图书馆有声阅读推广手段和路径，已成为当下公共图书馆数字化建设的热门话题。

沈丽英

女，1961 年生，山东郓城人，1993 年入馆至今，副研究馆员。

著作

01　中国图书馆年鉴 2009/ 中国图书馆学会，国家图书馆编. ——北
　　京：国家图书馆出版社，2009.——808 页，978-7-5013-4227-3
　　（290.00）.
　　参编：沈丽英（宁夏回族自治区）447 页
　　参见 丁力著作 03

论文

01　新时期省级公共图书馆的职能转换 / 沈丽英 // 图书馆理论与实践.
　　——2005，no.2，85-86 页.
　　摘要：现代信息技术的飞速发展，使公共图书馆的各个方面都发
　　生了深刻变化，从而迫使我们重新审视省级公共图书馆的各项工作及
　　社会职能。本文对省级公共图书馆在新时期职能的转换及开创服务工
　　作新局面等方面进行了一些探讨。

02　高校复合型图书馆实施人本管理探索 / 马谦，沈丽英 // 图书馆理
　　论与实践.——2005，no.3，99-101 页.

摘要：在数字化趋势下，高校图书馆搞好管理的关键之一是实施人本管理。本文论述了实施人本管理的运行机制和基本活动。

03 略论社区图书馆的建设、管理与服务 / 孙彦峰，沈丽英 // 图书馆理论与实践. ——2005，no.6，118-120 页.
参见 孙彦峰论文 02

04 信息化与宁夏农村的跨越式发展 / 沈丽英，张文霞 // 图书馆理论与实践. ——2009，no.11，49-51 页.
摘要：宁夏农村要实现跨越式发展离不开信息化的引领和带动。文章从五个方面对农村信息化建设与宁夏农村实现跨越式发展的关系进行了论述。

05 试论西部民族地区农村信息化建设的特殊作用和意义 / 沈丽英 // 图书馆理论与实践. ——2010，no.8，27-30 页.
摘要：从语言文化、地理地貌、民族宗教、社会习俗、农业产业结构、农业发展条件等方面阐述了西部民族地区农村经济、社会、文化的特殊性，进而论述西部民族地区农村信息化建设的特殊作用和重大意义。

06 全民阅读的现状分析及对策 / 沈丽英，王彩霞 // 图书馆理论与实践. ——2010，no.12，20-22+42 页.
摘要：针对我国国民阅读现状的分析，找到形成这一现状的原因及相应的对策，旨在推动全民阅读的发展。

07 用品牌意识统领读者阅读指导创新服务模式 / 谢梅英，沈丽英 // 图书馆理论与实践. ——2011，no.12，22-25 页.
参见 谢梅英论文 03

石 杨

男，1982 年生，山东菏泽人，2007 年入馆至今，馆员。

论文

01 微博营销在公共图书馆阅读推广中应注意的几个策略 / 石杨 // 祖
    国. ——2014，no.10，125 页.

摘要：公共图书馆是为广大读者提供公共阅读的场所，在阅读推
广上有着其他事业单位所无法比拟的优势，这是由于公共图书馆具有
丰富的藏书资源和珍贵的文献资料，这些都是公共图书馆良好的物质
保障。目前，我国的微博营销作用于公共图书馆阅读推广的步伐刚刚
起步，国内真正做到微博营销公共图书馆阅读推广的方法屈指可数。
因此本文基于微博营销在公共图书馆阅读推广中应该注意的沟通策略、
时间策略、管理策略和创意策略等问题进行了分析研究。

02 网络环境下图书馆功能定位的适变战略 / 王宏霞，石杨 // 宁夏大
    学学报（人文社会科学版）.——2014，vol.36，no.5，194-196 页.
    参见 王宏霞论文 02

舒 平

女，1954 年生，河北人，1979—2009 年在馆，副研究馆员。

论文

01　知识经济时代图书馆事业发展的挑战与机遇 / 舒平 // 图书馆理论
　　与实践. ——2001，no.3，10-12 页.

摘要：知识经济为图书馆事业的发展提供了前所未有的历史机遇，同时也使之面临着前所未有的严峻挑战。为此，图书馆应以产业化发展为突破口，强化个性服务，注重人本管理，迎接知识经济时代的到来。

宋 迺

女，1956 年生，河北人，1982—2011 年在馆，副研究馆员。

论文

01 中小型图书馆办公网的实现 / 徐黎，宋迺 // 图书馆理论与实践.
——2001，no.1，69-70 页.
参见 徐黎论文 02

02 加强农业信息资源建设 促进西部大开发 / 王燕，宋迺 // 图书馆理
论与实践. ——2001，no.2，60-62 页.
摘要：宁夏农业信息服务业应借西部大开发提供的良好机遇，大
力开发信息资源，疏通信息流通渠道，开展网络信息咨询和竞争情报
服务。

03 在网络环境下如何评价图书馆传统参考咨询服务 / 宋迺 // 图书馆
理论与实践. ——2002，no.2，18-19 页.
摘要：传统参考咨询服务在图书馆读者工作中占有相当重要的位
置，曾发挥过巨大的作用。在今天网络环境下，对其应如何客观评价，
笔者提出了自己的观点。

宋玉军

男,1963 年生,宁夏银川人,2009—2019 年在馆,副研究馆员。

论文

01 数字时代公共图书馆地方文献工作探析 / 宋玉军，金晓英 // 图书馆理论与实践. ——2014,no.11,77–79 页.

摘要:数字时代,公共图书馆搜集与利用地方文献的工作因载体、领域的延伸和扩展而变化,其具体工作包括探寻信息时代地方文献工作的藏用模式、充分利用新技术条件的支撑、对文献进行深加工处理。而建设好地方文献资源数据库,对于推进特色馆藏资源共建共享,使公共图书馆地方文献工作科学化、规范化,进而最大程度地发挥地方文献的作用,为地方各项事业服务。

02 中国古代孝道文献综述 / 宋玉军 // 宁夏社会科学. ——2015,no.2,145–150 页.

摘要:本文将中国各个历史时期有关孝道的文献加以梳理,以文献中阐述的不同见解进行排比和诠释,分析了古代社会孝道文化形成的原因和传承关系,为孝道文化的进一步研究提供参考资料。

03 宁夏地区民族古籍文献的保护与开发 / 宋玉军 // 民族艺林. ——

2015,no.4,59-62 页.

摘要:宁夏回族自治区有着丰富的民族古籍和特藏文献,对这些宝贵的、独具地域特色的古籍文献加以保护和利用,让承载着中华优秀传统文化的典籍为本地区经济文化发展提供历史依据,同时也为国家实施"一带一路"倡议规划提供文献参考。

04　我国公共图书馆法人治理现状研究 / 宋玉军 // 图书馆理论与实践.
　　——2015,no.12,82-84 页.

摘要:公共文化事业单位法人治理工作已经从国家政策层面向公共服务单位实践操作阶段迈进。通过对国内一些试点单位取得的成功经验及暴露出的问题进行分析比较,既能反映了公共文化事业单位法人治理在中国的研究与实践现状,又能为推进我国公共文化事业单位建立法人治理结构提供参考借鉴。

05　现代公共文化服务体系下的宁夏地方文献工作 / 宋玉军 // 中国
　　图书馆学会年会论文集(2016 年卷)/ 中国图书馆学会编. ——北
　　京:国家图书馆出版社,2015. ——233-239 页.

摘要:关于现代公共文化服务体系中的地区公共图书馆如何目的明确、规划周全、措施得力地挖掘搜集、管理开发、找寻模式、合作宣传,笔者经分析认为应从四个方面进行关注和探讨。

06　由全国古籍普查工作实践引发的思考 / 宋玉军 // 才智. ——2015,
　　no.16,332-334 页.

摘要:本文通过工作实践,就全国古籍普查工作开展以来各图书馆遇到和发现的问题做了一些粗略比对,分析了问题的症结,力图找寻更好的保护方式,为中华古籍的管理工作与传承事业献计献策。

07　区域文化发展背景下民族地方文献建设 / 宋玉军 // 宁夏大学学报

（人文社会科学版）. ——2016, vol.38, no.6, 147-151 页.

摘要：区域文化是地方文献生长和形成的基础，它们浑然一体、密不可分，特别是民族地区文化的形成与发展都有其灿烂的历史背景，地方文献详细记载并反映了这些区域文化。本文以宁夏回族自治区为例，基于其境内留存下来颇具特色的民族文化遗迹、民族文献典籍、民族文明习俗等不同载体的地方文献资源，提出了一些整理研究地方文献的新思路，搭借我国政府推动共建丝绸之路经济带和 21 世纪海上丝绸之路的愿景与行动之劲风，倡导利用公共图书馆这一平台优势，同时融合宁夏回族自治区相关研究机构，注重专题资源建设，加大地方文献挖掘，实现特色资源共建共享，促进民族地区文献信息的交流与传播。

08　宁夏地区入选《国家珍贵古籍名录》善本考略 / 宋玉军 // 宁夏大学学报（人文社会科学版）. ——2018, vol.40, no.3, 185-188 页.

摘要：本文就宁夏地区入选《国家珍贵古籍名录》的善本古籍做简要介绍，旨在让人们了解宁夏地区珍藏的善本古籍，提高宁夏珍贵古籍在全国的知名度，对地方独有的古籍文献在研究、流传、整理、编目与保护方面进行初步探索。

苏学昌

男，1955 年生，河北人，1980—2015 年在馆，副研究馆员。

论文

01　整合社区图书馆资源为少儿阅读提供服务 / 苏学昌 // 黑龙江史志.
　　——2013，no.21，203+205 页.

　　摘要：整合社区图书馆资源为少儿阅读提供服务不失为经济便捷
的有效途径，笔者就社区图书馆的内涵与特征，以及社区图书馆服务
少年儿童的优势及存在问题，从经费保障、馆藏要求、馆员素质等方
面提出了让社区图书馆为少儿阅读服务的对策与建议。

02　简论宁夏图书馆馆藏古籍珍本的版本特点及其文献价值 / 苏学昌
　　// 科技创新导报.——2013，no.33，192-193 页.

　　摘要：宁夏图书馆按照文化部古籍鉴定标准，已甄别出了 9 种馆
藏珍贵古籍，这是宁夏图书馆的镇馆之宝。文章分析介绍了这 9 种馆
藏珍贵古籍的版本特点及文献价值，以期能引起古籍专业人士对宁夏
图书馆馆藏古籍珍本的关注与重视。

03　公共图书馆信息服务定位与拓展再思考 / 苏学昌 // 图书馆理论与
　　实践.——2014，no.1，81-83 页.

摘要：在面临竞争的环境下，公共图书馆需要寻求差异化的信息服务优势，弘扬"平等服务"和"平民化服务"精神，关注信息弱势群体的信息援助服务。同时还需要处理好知识服务和信息服务的关系，进一步拓展信息服务的方式和内容，提升图书馆的竞争力。

苏亚平

男，1983 年生，山东阳谷人，2008 年入馆至今，馆员。

论文

01 图书馆的图书资料管理对策分析 / 苏亚平 // 现代职业教育. ——
2016，no.8，174 页.

摘要：当代社会科学技术的发展十分快速，图书管理资料也在朝
着现代化的管理方向发展，这样才可以真正对科学技术进行充分利用。
而有效、规范以及合理地展开图书管理工作，促进图书馆在管理工作
中实现合理分类并保证其资料完整，进而帮助人们更加方便地获得资
料，这对满足各类人群的阅读需求、切实提升广大人民群众的精神文
化水平有着重要的作用。

02 数字阅读对未来图书馆塑造 / 勉琳娜，苏亚平 // 价值工程. ——
2018，vol.37，no.25，214-215 页.

参见 勉琳娜论文 06

孙 戈

男，1979 年生，河北沧县人，2011年入馆至今，馆员。

论文

01　兴办村镇图书馆的必要性及应遵循的原则 / 张任跃，孙戈 // 河南
图书馆学刊. ——2013，no.5，5-6+18 页.
参见 张任跃论文 07

02　宁夏地区数字图书馆运行与管理中存在的问题及解决思路 / 孙戈
// 价值工程. ——2014，vol.33，no.33，151-153 页.
摘要：本文分析了宁夏地区数字图书馆的发展现状，剖析了当前
宁夏数字图书馆运行与管理中某些方面存在的问题，并依据自己的认
识，结合实际和自身工作经验，针对存在的问题提出一些解决思路。

03　数字图书馆的数据安全研究 / 孙戈 // 价值工程. ——2016，vol.35，
no.28，175-176 页.
摘要：随着网络技术的进步，数字图书馆正在逐步取代传统介质
的图书馆，并发挥出了更加方便快捷的优势。然而，数字图书馆的数
据安全性问题却日益凸显，其原因是数字图书馆系统的广泛性、开放
性及资源共享性在一定程度上增加了图书馆数据维护难度。本文基于

对数字图书馆数据安全隐患因素的分析，从制度建设、技术保障、人员建设等几个方面提出了一些保障数字图书馆建设和实际应用中关于提高数据安全的对策。

04 公共图书馆网络信息安全风险与防范策略 / 孙戈 // 图书馆理论与实践. ——2018，no.11，19-22 页.

摘要：文章从不同角度对影响公共图书馆网络信息安全的因素及其风险进行了分析和研究，提出了网络信息安全防范的原则及网络安全防护的策略。

孙卫红

女，1968 年生，甘肃兰州人，1991 年入馆至今，副研究馆员。

论文

01 知识经济对图书馆的呼唤 / 武永久，孙卫红 // 图书馆理论与实践.
　　——1999，no.3，12–14 页.

　　摘要：知识经济的兴起对图书馆提出了全新的要求。如何适应新
形势，迎接挑战？作者对图书馆的变革作了初步探讨。

02 浅论图书馆行业继续教育 / 王岗，孙卫红 // 图书馆理论与实践.
　　——2000，no.3，24–25 页.
　　参见 王岗论文 02

03 公共图书馆对残障人士服务实践探析——以宁夏图书馆为例 / 孙
　　卫红 // 图书馆理论与实践. ——2014，no.12，98–99 页.

　　摘要：介绍了宁夏图书馆对残障群体服务的工作概况，着重就搞
好公共图书馆残障人士服务方面的必要性以及如何做好残障人士延伸
服务工作进行了探析。

04 简述宁夏图书馆"一卡通" / 孙卫红 // 内蒙古科技与经济. ——

2014，no.16，143+145 页.

摘要：主要介绍了宁夏图书馆"一卡通"的功能及使用情况。

05 空间视角下公共图书馆少儿阅读推广实践与思考——以宁夏图书
馆为例 / 孙卫红，陈青 // 内蒙古科技与经济. ——2019，no.
21，132-133+2 页.

摘要：简要介绍了公共图书馆空间服务概况与阅读推广的重要性，具体介绍了宁夏图书馆基于空间基础上开展少儿阅读推广具体做法，并提出今后公共图书馆少儿阅读推广发展方向。

孙献琳

女，1970 年生，宁夏同心人，1995 年入馆至今，馆员。

论文

01 信息社会中信息用户的教育和管理 / 孙献琳，陈青 // 图书馆理论
与实践. ——2002，no.5，57–71+2 页.

摘要：信息社会中，信息技术的飞速发展将对信息用户产生很大
影响。作为信息传播者的图书馆应采取相应措施，加强对信息用户的
教育和管理，以激发和调动信息用户的潜能，使信息产生更大效益。

孙彦峰

男，1960 年生，宁夏银川人，1980 年入馆至今，副研究馆员。

论文

01 市场经济与图书馆文献信息服务 / 来红梅，孙彦峰 // 图书馆理论
与实践. ——1999，no.3，17–18 页.

摘要：本文针对我国图书馆的现状及问题，探讨了如何搞好信息
服务以适应市场经济的发展。

02 略论社区图书馆的建设、管理与服务 / 孙彦峰，沈丽英 // 图书馆
理论与实践. ——2005，no.6，118–120 页.

摘要：从理论和实践的结合上对社区图书馆的建设、管理与服务
做了探讨。从我国城市化和城镇化快速发展的现状出发，构建了一个
社区图书馆建设、管理与服务的基本框架。

03 试论数字图书馆的产生、特征及其作用 / 孙彦峰，李沛 // 周末文
汇学术导刊. ——2006，no.2，146–148 页.

摘要：伴随着现代高新技术的飞速发展，以计算机技术、网络通
信技术为代表的因特网迅速崛起，推动人类社会在经历了农业社会和
工业社会后，开始进入信息社会。与此相适应，图书馆在走过传统阶

段、图书馆自动化阶段后，也开始步入数字图书馆阶段。数字图书馆建设是发展知识经济的必然要求，是知识经济时代的数字化信息服务中心，对知识经济的发展有着积极的促进作用。数字图书馆是我国图书馆学界研究的热点问题之一，本文针对数字图书馆的产生背景、构成要素、特征及作用等，进行了简要的分析和探讨。

04 论学习型社会对图书馆的新要求 / 陈青，孙彦峰 // 图书馆理论与实践.——2006，no.6，23–24 页.
参见 陈青论文 03

05 公共图书馆以人为本管理模式的构建 / 陈韶春，孙彦峰 // 图书馆理论与实践.——2007，no.1，99–100 页.
参见 陈韶春论文 01

06 国内付费数字阅读研究的文献计量和知识图谱分析——基于 CNKI 2002—2018 数据 / 孙彦峰，尹明章，周天旻 // 图书馆理论与实践.——2018，no.11，46–49 页.
摘要：文章以中国知网为基础，分析国内付费数字阅读研究文献的数量分布、核心作者、机构及来源期刊，并利用 CiteSpace 进行主题网络及演化路径分析，发现当前学者对付费数字阅读的研究热点主要包括：变现、盈利模式、喜马拉雅、付费墙、付费意愿等，并已经从传统媒体阶段进入到新媒体阶段。

07 浅析"互联网＋"时代智慧图书馆信息技术利用中存在的问题及应对措施 / 孙彦峰 // 中国管理信息化.——2018，no.20，173–174 页.
摘要：近年来，随着我国电子信息技术的不断发展与广泛应用，智慧图书馆已成为现阶段图书馆工作和发展的核心，不仅能在一定程度上适应当下信息化时代的发展趋势，同时还能满足不同用户多元化的阅读需求，进而为后期我国社会型人才的发展创造良好条件。但是在"互联网＋"时代，智慧图书馆在利用信息技术的过程中由于存在诸多不足，从而影响了智慧图书馆的使用效果，进而对用户的需求发展也产生了不良影响。鉴于此，本文主要阐述了"互联网＋"时代对智慧图书馆的启迪和影响，并针对信息技术利用过程中存在的问题进行了相关探索，以期提升图书馆的创新力和生命力。

08　少年儿童图书馆数字资源共建共享对策研究／孙彦峰／／劳动保障世界.——2018，no.33，49+74页.

摘要：随着我国教育事业的不断发展，人们越来越重视少儿教育。阅读与少年儿童的成长是密不可分的，少年儿童通过阅读不但可以培养自身良好的阅读习惯，还可以促进自身创造力的养成，因此我国非常重视少年儿童图书馆的建设。目前，数字资源的共建共享已经逐步地成为少年儿童图书馆建设的发展趋势，数字资源的共建共享不但可以提升少年儿童图书馆数字资源的利用率，还可以促进少年儿童图书馆数字资源的优化整合。本文就少年儿童图书馆数字资源共建共享的对策做了相关的阐述。

谭 继

男，1983 年生，宁夏银川人，2014 年入馆至今，馆员。

论文

01　公共图书馆与家庭阅读推广／谭继／／"大数据环境下图书馆发展的机遇与挑战"论文集／宁夏回族自治区图书馆，宁夏图书馆学会编.——银川：阳光出版社，2018.——87-92 页.

摘要：随着全民阅读的深入开展，我国国民的阅读率呈整体上升趋势，然而公共图书馆作为全民阅读的重要阵地，在家庭阅读推广法方面还存在不足之处。本文通过对家庭阅读观念陈旧、阅读资源匮乏等问题进行分析、提出公共图书馆开展家庭阅读推广的意见和建议，以期待家庭阅读推广更具有实践操作性。

陶爱兰

女，1976 年生，宁夏海原人，1995 年入馆至今，副研究馆员。

论文

01　浅谈互联网上的信息污染 / 何彦平，陶爱兰 // 图书馆理论与实践.
　　——2001，no.2，40-42 页.

　　摘要：分析了互联网上信息污染的产生原因、类型及其危害，并
探讨了治理对策。

02　浅析中小型图书馆自动化管理 / 陶爱兰，何彦平 // 图书馆论坛.
　　——2002，no.1，74-75 页.

　　摘要：发展图书馆自动化是实现我国图书馆现代化的战略性措施，
文章针对目前中小型图书馆的现状及实现自动化管理面临的问题提出
相应的对策。

03　低成本信息化建设的再认识 / 何彦平，陶爱兰 // 图书馆理论与实
　　践. ——2008，no.6，54-56 页.

　　摘要：信息化的建设随着计算机技术特别是互联网技术的发展和
应用，已经成为企业市场竞争的重要途径之一，现在越来越多的企业
开始重视信息化的作用和建设。本文通过对企业的信息化建设研究，

分析了当前企业信息化建设的不足，提出了企业信息化走低成本建设的思路。

04 新媒体时代青少年阅读探析 / 陶爱兰，李佳屏 // 图书馆理论与实践. ——2011，no.7，71–73页.

摘要：新媒体时代，青少年阅读呈现出浅阅读、杂阅读、参与型阅读等特点，阅读偏向性严重。手机阅读渐成气候，新的阅读方式使青少年获取信息快捷方便，阅读内容丰富多样，但也出现一些负面影响，引发阅读危机。因而，要发挥图书馆的优势，引导青少年读者进行健康、积极的阅读。

05 公共图书馆青少年电子阅览室的免费开放服务与管理——以宁夏图书馆青少年电子阅览室免费开放为例 / 陶爱兰 // 图书馆理论与实践. ——2012，no.2，72–74页.

摘要：免费服务是公共图书馆服务的基本原则。本文对宁夏图书馆青少年电子阅览室免费开放以来的现状、存在的问题进行了分析，提出了具体的管理措施，引导青少年正确利用网络及其网络资源，以充分发挥公共图书馆青少年电子阅览室的职能，满足广大青少年基本的网络文化需求。

06 民族地区农家书屋管理及服务模式探究——以宁夏地区为例 / 陶爱兰，王岗 // 图书馆理论与实践. ——2018，no.12，76–80页.

摘要：农家书屋在推进乡村振兴战略、繁荣农村文化、满足基层群众日益增长的精神文化需求方面肩负着重要责任。文章探讨了宁夏地区农家书屋的建设管理及服务模式等，分析了宁夏地区农家书屋管理服务中存在的问题，并提出了切实可行的发展策略，以期为民族地区农家书屋的服务提供参考。

07　贫困地区公共图书馆文化精准扶贫路径探究——基于宁夏固原地区西吉县硝河乡硝河村的调查／陶爱兰，王岗／／图书馆理论与实践．——2019，no.12，93-99页.

　　摘要：文章通过对公共图书馆参与固原地区西吉县硝河乡硝河村文化扶贫现状调查，总结分析了扶贫过程中存在扶贫意识淡薄、供需错位、扶贫主体单一等问题，提出了贫困地区公共图书馆可以通过加强顶层设计、精准识别扶贫对象、加强社会合作、加强扶贫馆员队伍建设、建立文化精准扶贫绩效评估与反馈机制等措施提高文化精准扶贫效能。

08　西北地区省级公共图书馆文化精准扶贫现状与问题研究／陶爱兰／／图书馆理论与实践．——2020，no.6，54-59页.

　　摘要：公共图书馆开展文化精准扶贫是构建现代公共文化体系的必然要求，是公共图书馆均衡发展的现实需求。文章采用网络调研、文献检索、电话及微信咨询等方法，从文化扶贫资源、文化扶贫举措、文化扶贫专业队伍、合作扶贫四个方面对西北地区省级公共图书馆文化精准扶贫现状进行了调研，分析了西北地区省级公共图书馆在文化精准扶贫中存在的问题，并提出相应的对策与建议，以期为省级公共图书馆更好地开展文化精准扶贫工作提供参考和借鉴。

田晓银

女，1965 年生，陕西长安人，1986 年入馆至今，副研究馆员。

论文

01　图书馆与 3D 打印 / 田晓银 // 黑龙江史志.——2015，no.9，286 页.

　　摘要：介绍 3D 打印服务在图书馆兴起的背景，阐述引入 3D 打印服务对于创新图书馆服务、践行服务理念、转变社会角色和发掘隐性知识的意义，并从提供 3D 打印服务的主要国家、图书馆类型以及案例等方面分析国内外图书馆开展 3D 打印服务的现状。在此基础上，概括出图书馆开展 3D 打印服务面临的挑战，并提出相应的对策。最后，预测 3D 打印服务在图书馆的未来发展前景。

02　创客空间与读者服务工作的延伸 / 田晓银 // 图书馆理论与实践.——2015，no.11，33-35 页.

　　摘要：公共图书馆将成为支持和服务大众创新的重要力量之一，图书馆的创客服务贯穿于读者服务工作的各个方面，图书馆在为读者提供传统服务的同时，应该利用独特的资源优势，真正承担起公共服务、公共教育的社会职能。

汪　晋

女，1961 年生，安徽人，1980—2016 年在馆，馆员。

论文

01　浅议新时期公共图书馆事业的价值取向 / 吴玲，汪晋 // 图书馆理论与实践. ——1998，no.1，29-30 页.

摘要：随着我国社会主义市场经济体制的建立，公共图书馆面临着挑战与机遇并存的局面。特别是在市场经济条件下，利益驱动成为推动事业发展的根本动力，国家对于图书馆事业的投入相对减少，使公共图书馆事业出现了前所未有的危机。因此本文根据社会主义市场经济理论，结合公共图书馆事业的实际，对公共图书馆事业的价值取向进行论述。

王崇辉

男，1976 年生，陕西子洲人，2003 年入馆至今，馆员。

论文

01　对图书馆采编工作的几点认识 / 王崇辉 // 中国科技博览. ——
　　2010，no.30，593 页.

摘要：作者是图书馆一名采编工作人员，以实际工作出发，浅谈
采编工作的现状和问题，并针对存在的问题进行分析、找出对策以及
今后图书馆采编工作的发展趋势。

王大伟

男，1946 年生，甘肃兰州人，1979—2006 年在馆，副研究馆员（副处级）。

著作

01　宁夏地方文献联合目录 / 宁夏图书馆协作委员会编. ——银川：宁夏人民出版社，1992. ——903 页，7-227-00784-7/Z·34（35.00）.

　　编委：王大伟

　　参见 高树榆著作 04

论文

01　国外专利文献检索——兼论德温特专利文献索引 / 王大伟 // 图书馆理论与实践. ——1993，no.3，42-45 页.

　　摘要：本文简述了国外专利文献检索的重要性，检索时应具备的条件，检索工具的选择及检索方法等。并通过具体检索实例，对如何利用德温特专利出版物中的索引，从发明人以及关键词—分类两个途径检索外国专利均做了详细介绍。

王 岗

女，1966年生，河南扶沟人，1989年7月入馆至今，研究馆员。

著作

01 宁夏图书馆同人文集 / 丁力，张欣毅主编. ——银川：宁夏人民出
版社，2008. ——273页，978-7227-03837-5（32.00）.

　　副主编：王岗

　　参见 丁力著作02

02 新时期西北地区图书馆事业创新与发展——西北五省（区）图书
馆第九次科学讨论会论文集 / 张欣毅主编. ——银川：宁夏人民教
育出版社，2008. ——335页，978-7-80764-059-2（38.00）.

　　副主编：王岗

　　参见 张欣毅著作09

03 宁夏图书馆志 / 张欣毅主编. ——北京：国家图书馆出版社，2009.
——301页，978-7-5013-4202-0（90.00）.

　　副主编：王岗

　　分章主编：王岗（第一章 第七章），1-24，146-171页

　　参见 张欣毅著作10

04 宁夏通志 卷十九 文化卷 / 宁夏通志编纂委员会. ——北京：方志
    出版社，2009. ——1499 页，978-7-8023-8742-3（480.00）.

    撰稿：王岗，第七编 图书馆 533-574 页

    内容提要：《宁夏通志》全书共 25 卷 34 本，约 2000 多万字，是
    宁夏历史上首部集大成之方志巨著，是权威性的官修证书和综合性的
    区情资料总汇，内容涉及宁夏的自然与社会，历史与现状的方方面面，
    堪称宁夏"百科全书"和"全史"。《宁夏通志 文化卷》记述了宁夏
    建制以来文化发展的重要事件，特别是近代以来的发展变迁及取得的
    成就。

05 信息资源共建共享模式研究——基于宁夏区域发展战略的实证分
    析 / 张欣毅主编. ——银川：黄河出版传媒集团阳光出版社，2011.
    ——328 页，978-7-5525-0018-9（58.00）.

    分章撰稿：王岗，第三章 63-86 页，第九章 243-290 页

    参见 张欣毅著作 11

06 "大数据环境下图书馆发展的机遇与挑战"论文集 / 宁夏回族自治
    区图书馆，宁夏图书馆学会编. ——银川：阳光出版社，2018. ——
    330 页，978-7-5525-4455-8（88.00）.

    主编：王岗

    参见 韩彬著作 04

论文

01 玛丽 L.泰特科曼普与美国第一辆图书流动车 / 王岗编译 // 图书馆
    理论与实践. ——1993，no.2，63+60 页.

    摘要：1905 年，美国一位图书馆员玛丽·L·泰特科曼普主动给各地
    的读者送书上门，就此改变了图书馆单一的服务方式，创造了第一辆

图书流动车——康科特图书流动车。

02　浅论图书馆行业继续教育／王岗，孙卫红／／图书馆理论与实践.
　　——2000，no.3，24-25 页.

　　摘要：就如何开展和完善图书馆职业继续教育工作，尽快提高图书馆工作人员素质，以适应现代信息社会的发展进行了一些探讨。

03　浅论公共图书馆的发展模式／王岗，徐黎／／图书馆理论与实践.
　　——2000，no.5，34-35 页.

　　摘要：未来公共图书馆的发展应建立开放的大图书馆系统，增强文献信息需求分析、信息知识开发与资源配置功能，实现社会化信息资源共享。

04　网上电子信息的真实性和安全性／王岗，徐黎／／图书馆理论与实践.——2001，no.2，38-40 页.

　　摘要：从电子信息的特点，以实例论述了电子信息的真实性和安全性问题。

05　图书馆员与读者／王岗／／图书馆理论与实践.——2002，no.1，16-17+24 页.

　　摘要：从图书馆员在图书馆服务中的作用论述了"图书馆员第一"的意义及"图书馆员第一"与"读者第一"的关系。

06　电子阅览室的安全管理／张彦洁，王岗／／图书馆理论与实践.
　　——2003，no.1，81-82 页.

　　摘要：从四个方面探讨了如何加强电子阅览室的安全管理，在维护系统、防止电脑病毒及"黑客"入侵等方面提出了一些具体的管理措施。

07 宁夏图书馆学会参与主持宁夏第三次市县图书馆评估定级工作 /
王岗，张京生 // 图书馆理论与实践：《图书馆理论与实践》创刊
25 周年纪念文集. ——2004，34-36 页.

摘要：学会、协会参与主持文化事业工作是文化事业改革与发展
的一项新举措。记述了宁夏第三次市县图书馆评估定级工作的过程及
各市县馆所取得的成就与普遍存在的问题。

08 关于公共图书馆电子阅览室的思考 / 王岗 // 图书馆理论与实践.
——2004，no.4，54-55 页.

摘要：就公共图书馆电子阅览室运行方式现存的观念及问题，从公益
性与其效益以及健全并完善相关法律法规等方面提出了自己的看法。

09 计算机病毒及其防治技术探析 / 王琛，王岗 // 图书馆理论与实践.
——2006，no.3，103-105 页.

摘要：介绍了计算机病毒的类型、危害和传播方式，以及防止计
算机病毒的有效方法。结合图书馆的工作特点，提出图书馆信息系统
安全策略。

10 西部公共图书馆电子资源可持续发展建设 / 王岗 // 图书馆工作与
研究. ——2008，no.1，39-42 页.

摘要：电子信息资源建设在整个图书馆资源建设中所占比例越来
越大，且正逐步成为图书馆深化信息服务的主导资源，并影响着图书
馆提供信息服务的方式。西部公共图书馆事业的发展与东部相比有着
很大的差距，科学合理地构建电子信息资源建设是其实现跨越式发展
的重要环节。西部公共图书馆应树立大资源观，建立科学合理的电子
信息资源发展规划机制和电子信息资源评价机制，将电子信息资源按
照用户需求范围和需求频度划分为不同的等级，以不同的等级指导、
确定电子信息资源建设的模式。

11 宁夏图书馆 50 年发展回眸（上）/ 丁力，张欣毅，王岗 // 图书馆
理论与实践. ——2009，no.2，89-96 页.
参见 丁力论文 14

12 宁夏图书馆 50 年发展回眸（下）/ 丁力，张欣毅，王岗 // 图书馆
理论与实践. ——2009，no.3，95-100 页.
参见 丁力论文 15

13 （再论）关于公共图书馆电子阅览室的思考 / 王岗，刘劲 //
图书馆杂志. ——2009，no.3，50-51+55 页.
摘要：公共图书馆电子阅览室在发展建设中存在一些观念上的困
扰。本文从公共图书馆电子阅览室的属性、收费与否以及服务定位等
方面探讨其中的一些问题，以期为电子阅览室的发展提供一些建设性
思路。

14 利用专业论坛评估历史学者的资源需求 / 王岗，吕毅编译 // 图书
馆理论与实践. ——2009，no.9，66-69 页.
摘要：作者认为两份重要的专业协会出版物发布的教学论坛有助
于为优秀历史学家的文献收藏提供帮助。作者调查了历史学者信息需
求的相关文献，并调查了发表于教学法论坛中的文章，发现其在历史
学者对电子资源的利用方面具有实际意义。通过研究，作者得出结论：
论坛为全体教员与藏书管理者等人提供了有用的电子资源书目信息；
此外，为讨论想要得到的学习结论提供了一个有用的出发点，有利于
为教学 / 课程需求提供更好的支持。调查结论局限于历史学家，同时
也偏向于美国历史学者，因为论坛上相关电子资源文章更多地针对美
国历史教学法，而非所有地区的历史学者。其实际意义在于：在其他
学科也可以进行类似的研究。该论文调查了一个领域的教学方法以期
对该领域藏书管理提供依据与支持。

15　宁夏公共信息资源区域协作联盟的建设构想 / 王岗 // 图书馆理论
　　与实践. ——2009, no.11, 73–77 页.

　　摘要：区域性图书馆联盟是图书馆联盟的一种类型，目的是促进
地区内图书馆事业的发展、信息资源的联合共建共享，以及地区与地
区之间的图书馆合作交流。文章根据宁夏地区的实际情况，提出了构
建宁夏公共信息资源区域协作联盟的框架：一是建立实体图书馆联盟，
包括构建公共图书馆系统内的实体联盟，构建公共图书馆、高校图书
馆、科研图书馆三位一体的协作联盟；二是建立数字图书馆联盟。建
议采用区域集中—分布式资源整合，在制度层面上推广图书馆联盟制，
组建一个跨越不同系统的图书馆联盟。

16　如何把 15 美分变成 1 美元——降低电子藏书建设成本的策略
　　/Apryl Price，王岗，任蕊编译 // 图书馆理论与实践. ——2010,
　　no.6, 77–79+91 页.

　　摘要：开放获取运动使得图书馆可以免费获得许多有用的电子资
源。诸如图书馆联盟与谈判等旧观念仍然有助于图书馆将成本保持在
可以管理的水平。本文将新旧理论与资源相结合，使图书馆能够维持
或减少用于电子资源的成本，且成为一个容易使用的、仍能保留满足
其藏书要求的资源。

17　宁夏地区古籍文献寄存体系建设实证研究 / 王岗，尹光华 // 图书
　　与情报. ——2011, no.1, 121–123+139 页.

　　摘要：文章在大量的实际调查研究的基础上，根据宁夏地区古籍
文献收藏与保护状况的实际情况，提出了构建宁夏地区古籍文献寄存
体系的设想，并对其模式进行了研究。

18　宁夏地区公共图书馆服务评估标准指标的构建 / 王岗，金晓英 //
　　图书馆理论与实践. ——2011, no.10, 79–83 页.

摘要：以宁夏地区公共图书馆系统为研究对象，对宁夏地区公共图书馆的服务进行了调研与评价，并借鉴参考国内外公共图书馆服务评价标准的发展，提出了宁夏地区公共图书馆服务评价指标体系，以期为我区公共图书馆服务能力的测评提供依据。

19 宁夏公共图书馆社区联盟的建设与发展 / 王岗，徐黎 // 图书馆理论与实践. ——2012，no.11，57-62 页.

摘要：对宁夏社区文化建设进行了深入研究与调查，并结合宁夏实际及各级公共图书馆的状况，提出了具有特色的（宁夏）社区图书馆（室）联盟实施方案。

20 概念视角下信息计量学的三个层面 /Raf Guns，王岗编译 // 图书馆理论与实践. ——2014，no.9，46-50 页.

摘要：简要回顾信息计量学研究内容的现行模型，并就模型的记录层面、社会层面、认知层面分别进行了讨论；在此基础上，讨论了每个层面内部以及层面之间的关系，并特别论述了引用关系的性质，研究了映射、距离远近以及影响等概念在该模型中的位置。

21 民族地区公共图书馆财政投入保障状况研究 / 张萍，王岗 // 图书馆理论与实践. ——2015，no.11，81-85 页.

摘要：以《中国图书馆年鉴》（2014）、《宁夏统计年鉴》（2013）为数据源，对民族地区公共图书馆财政投入进行分析，相较于全国平均水平，民族地区公共图书馆财政投入严重不足，成为制约民族地区群众公共文化满足、公共图书馆事业发展的主要因素。为充分体现国家公共文化均等化意志，促进民族地区公共图书馆跨越式发展，国家应从制度上合理调节对民族地区公共图书馆的财政支持机制。

22 生态移民区用户阅读行为及影响因素分析——以宁夏闽宁镇为例 /

张萍，王岗 // 图书馆理论与实践. ——2017，no.4，66-70 页.

摘要：以宁夏闽宁镇生态移民用户为对象进行实证调研，运用二项 Logistic 回归模型统计分析数据，研究此区域用户阅读行为及影响因素，提出移民区阅读相关对策、建议，旨在倡导全民阅读，促进民族团结和谐、阅读融合的社会氛围，为宁夏乡村过渡地区完善文化建设和公共阅读服务提供参考。

23 民国时期宁夏地方文献知见录（一）——民国时期宁夏出版的报刊 / 李习文，张玉梅，王岗 // 图书馆理论与实践. ——2018，no.1，101-108 页.

摘要：文章重点介绍《民国宁夏地方文献知见录》的第三部分：《民国时期宁夏地方文献文章目录》。本目录是为经广泛深入寻访全国 100 多家图书馆、档案馆、博物馆以及国外图书馆等文献收藏机构，并深入检索各类民国文献数据库，而后对各馆藏目录进行遴选、核查，整理出民国时期在各类刊物中刊登有关宁夏情况的文章、资讯等近 3，000 条。在此基础上，剔除各期刊中的简讯、期刊目录中有题名而未见原文的条目，凡辑 401 条而成。本目录按类—发表年代（出版年代）排序，以便于使用者查检。

24 宁夏回族自治区图书馆馆藏民国时期中文工具书书目（一）/ 尹光华，王岗 // 图书馆理论与实践. ——2018，no.11，123-128 页.
参见 尹光华论文 09

25 民族地区农家书屋管理及服务模式探究——以宁夏地区为例 / 陶爱兰，王岗 // 图书馆理论与实践. ——2018，no.12，76-80 页.
参见 陶爱兰论文 06

26 民国时期宁夏地方文献知见录（二）——民国时期宁夏出版的报

刊 / 张玉梅，李习文，王岗 // 图书馆理论与实践.——2019，no.1，98-104 页.

摘要：文章重点介绍《民国宁夏地方文献知见录》的第三部分：《民国时期宁夏地方文献文章目录》。本目录是为经广泛深入寻访全国100 多家图书馆、档案馆、博物馆以及国外图书馆等文献收藏机构，并深入检索各类民国文献数据库，而后对各馆藏目录进行遴选、核查，整理出民国时期在各类刊物中刊登有关宁夏情况的文章、资讯等近3000 条。在此基础上，剔除各期刊中的简讯、期刊目录中有题名而未见原文的条目，凡辑 401 条而成。本目录按类——发表年代（出版年代）排序，以便于使用者查检。

27 宁夏回族自治区图书馆馆藏民国时期中文工具书书目（二）/ 尹光华，王岗 // 图书馆理论与实践.——2019，no.1，105-112 页.
    参见 尹光华论文 12

28 民国时期宁夏地方文献知见录（三）——民国时期宁夏出版的报刊 / 王岗，张玉梅，李习文 // 图书馆理论与实践.——2019，no.4，108-112 页.

摘要：文章重点介绍《民国宁夏地方文献知见录》的第三部分：《民国时期宁夏地方文献文章目录》。本目录是为经广泛深入寻访全国100 多家图书馆、档案馆、博物馆以及国外图书馆等文献收藏机构，并深入检索各类民国文献数据库，而后对各馆藏目录进行遴选、核查，整理出民国时期在各类刊物中刊登有关宁夏情况的文章、资讯等近3000 条。在此基础上，剔除各期刊中的简讯、期刊目录中有题名而未见原文的条目，凡辑 401 条而成。本目录按类——发表年代（出版年代）排序，以便于使用者查检。

29 传承敬业续耕耘 不忘初心砥砺行——《图书馆理论与实践》创刊

40 周年有感 / 王岗 // 图书馆理论与实践. ——2019，no.8，10-11 页.

摘要：《图书馆理论与实践》这个名字体现着一种情怀与志向，它伴随着我国改革开放 40 年，与一批又一批年轻的图书馆人一起成长，一起推动并见证了中国图书馆事业的发展，特别是宁夏图书馆事业的发展，乘着国家西部大开发之势，顺势而为，不断发展和壮大。《图书馆理论与实践》从社会需求出发，既立足当前，又放眼未来;既保持刊物宗旨，又与时俱进。

30 宁夏地区乡镇、村图书馆服务发展路径研究——原州区乡镇、村图书馆服务现状调查 / 王岗，张明乾，李刚 // 图书馆理论与实践. ——2019，no.9，1-6 页.

摘要：文章根据对宁夏回族自治区固原市原州区乡镇公共图书馆服务现状的调查，发现原州区乡镇、村图书馆存在行政推动与内源发展不平衡、乡镇公共图书馆服务的人力资源配置比例失衡、文化服务资源配置和服务对象错位、"网路连城乡"效率低等问题，并针对上述问题提出促进宁夏地区乡镇图书馆服务更好更快发展的建议。

31 西北贫困地区县级公共图书馆服务模式调研——以宁夏固原地区县级公共图书馆为例 / 王岗，李亚楠，姚晓燕 // 图书馆理论与实践. ——2019，no.9，7-10 页.

摘要：文章以宁夏固原地区县级公共图书馆为例，基于公共图书馆发展中存在的行政级别尴尬、文化素质与工作要求不匹配、上下级沟通断裂等问题，在初步实现跨越式创新发展的基础上提出发挥行政主导协调、跨界合作、扎根民生等突破性发展模式。

32 贫困地区公共图书馆文化精准扶贫路径探究——基于宁夏固原地区西吉县硝河乡硝河村的调查 / 陶爱兰，王岗 // 图书馆理论与实践. ——2019，no.12，93-99 页.

参见 陶爱兰论文 07

王宏霞

女，1975 年生，宁夏银川人，1998 年入馆至今，副研究馆员。

论文

01　网络环境下外文期刊采购的原则 / 王宏霞 // 图书馆理论与实践.
　　——2004，no.6，28-29 页.

　　摘要：阐述了网络环境下外文期刊发行的一些新趋势，提出了期刊采购的几点原则。

02　网络环境下图书馆功能定位的适变战略 / 王宏霞，石杨 // 宁夏大
　　学学报（人文社会科学版）.——2014，no.5，194-196 页.

　　摘要：伴随着我国经济水平的不断发展以及科学技术的不断进步，我国步入了高速发展的信息化时代，信息化时代中的网络对于人类社会的政治、经济、文化以及生活的方方面面都产生着巨大而又深远的影响。在这样的大背景下，图书馆网络环境中的功能定位就显得至关重要，传统模式面临着巨大的挑战。通过分析网络环境下图书馆的演变过程，寻求图书馆新功能的最新标准定位，并提出具体的应对措施和方案，以提高图书馆的竞争优势。

03　近现代文献大型书目举要 / 王宏霞 // 图书馆理论与实践.——

2018，no.12，124-128 页.

摘要：近代以来中国百余年间，产生出巨量的文献，其书目和索引的编制，方兴未艾，影印和整理出版，体量巨大。文章通过对近现代文献的梳理，择其书目予以举要，为相关文献收藏提供线索。

04　宁夏图书馆地方文献工作与研究 / 丁力，吕毅，王宏霞 // 全国地方文献工作与研究 / 湖南图书馆编.——北京：国家图书馆出版社，2020.——131-136 页.

参见 丁力论文 16

王惠明

男，1958 年生，河北故城人，2008—2018 年在馆，馆员。

论文

01 图书馆创建"青少年阅读、科技、创意实践园"的构想 / 王惠明
    // 图书馆理论与实践. ——2014，no.6，28-29 页.

摘要：图书馆作为人类文明的载体，在青少年的教育中占据着不可或缺的地位。文章认为通过创设"青少年阅读、科技、创意实践园"，可以充分调动与激活公共图书资源，运用各种激励机制与保障机制，促进青少年在实践的成功体验中学习与成长。

王钧梅

女，1985 年生，宁夏吴忠人，2008—2018 年在馆，馆员。

著作

01 宁夏回族自治区图书馆古籍普查登记目录 /《宁夏回族自治区图书馆古籍普查登记目录》编纂委员会著，本书编委会编. ——北京：国家图书馆出版社，2018. ——240 页，978-7-5013-6522-7（160.00）.
　　副主编：王钧梅
　　参见 韩彬著作 05

论文

01 国内人际情报网络应用研究现状 / 王钧梅 // 科技情报开发与经济. ——2015，vol.25，no.21，142-144 页.
　　摘要：简述了人际网络与人际情报网络的关系以及人际情报网络与竞争情报的关系，探讨了国内人际情报网络在企业竞争、知识管理、网络环境等领域的应用研究。

02 情报学的多学科性与跨学科性 / 王钧梅 // 科技情报开发与经济. ——2015，vol.25，no.22，100-102 页.

摘要：从学者的观点分析了多学科性和跨学科性在情报学中的体现及作用，阐述了对多学科思维与跨学科思维的认识。在分析情报学多学科性与跨学科性的区别与联系的基础上，提出了情报学多学科性与跨学科性配合产生"赢墩"的观点。

王　莉

女，1971 年生，贵州贵阳人，2009 年入馆至今，副研究馆员。

论文

01　公共图书馆建设应体现人文关怀的思考／王莉／／价值工程.——
2011，vol.30，no.27，323 页.

摘要：本文从"人文关怀"、人在公共图书馆发展中的主体地位和
主体作用、人文关怀应贯穿于图书馆服务工作的始终、公共图书馆建
筑设施也应体现人文关怀等四个方面进行了论述，旨在进一步提高公
共图书馆的服务意识，真正体现公共图书馆"服务至上，读者第一"
的服务宗旨。

王紫臣

男，1964 年生，宁夏盐池人，2009 年入馆至今，副研究馆员。

著作

01 2013 年宁夏文化蓝皮书 / 张进海主编. ——银川：宁夏人民出版
    社，2013. ——255 页，978—7—227—05373—6（38.00）.

　　参编：王紫臣，负责 2012 年宁夏图书馆数字化信息化建设发展报
告部分

　　内容提要：文章简要介绍了"十一五"以来宁夏公共图书馆发展
变化，重点分析了宁夏图书馆数字化信息化发展现状及面临的挑战，
提出了今后建设的着力点。

论文

01 加强宁夏农村土地流转的再思考 / 李霞，王紫臣 // 中共银川市委
    党校学报. ——2010，no.3，73+96 页.

　　摘要：宁夏土地流转虽然是在家庭承包的基础上进行的，但从经
营形式、利益关系调整等方面来看，承包土地经营权流转无疑是一次
制度创新。从这几年的实施效果来看，农村承包地流转制度与宁夏生
产力发展水平是相适应的，但也存在着一系列矛盾和问题。因此，研
究提出要制定相关政策，以加强土地流转的统一引导、构建农村土地

流转市场体系、加快土地承包经营权抵押贷款制度创新等成为解决宁夏农村土地流转问题的必选路径。

02　深化宁夏文化体制改革探析 / 王紫臣 // 宁夏社会科学. ——2012，no.4，146+148 页.

　　摘要：宁夏文化管理体制机制逐步健全，公共服务平台日趋完善，行政管理效能明显提高，文化市场逐步开放。但宁夏文化体制改革仍然存在条块分割、交叉管理、融资渠道单一、专业人才缺乏等体制桎梏。建立政府主导、社会参与、市场竞争、城乡统筹的公共文化服务体系制度模式，完善人才激励机制等成为深化宁夏文化体制改革的着力点。

王清丽

女，1980 年生，宁夏中宁人，2001 年入馆至今，副研究馆员。

论文

01　儿童阅读推广研究——以宁夏图书馆为例／王清丽／／价值工程.
　　——2013，no.10，243-245 页.

摘要：解析儿童阅读推广的现状，指出儿童阅读推广与西方的差距，以及公共图书馆在这一活动中应当担负的重要角色，结合宁夏图书馆少儿阅览室阅读推广的实践活动，提出公共图书馆进行儿童阅读推广的措施。

02　公共图书馆读者满意度第三方测评机制研究／王清丽，陈怡君／／
　　图书馆理论与实践.——2017，no.7，80-83+104 页.

摘要：公共图书馆读者满意度第三方测评具有独立性、客观性和专业性，有助于弥补公共图书馆自身测评之不足，有助于提高公共图书馆社会公信力、核心竞争力和外部资源的利用力。公共图书馆应建立起读者满意度第三方测评主体遴选与配合机制、测评程序控制与保障机制、测评结果验收与应用机制，确保读者满意度第三方测评工作顺利完成，实现既定目标。

03 全民阅读视野下民间儿童图书馆发展路径探析 / 陈怡君，王清丽 // 图书馆理论与实践. ——2017，no.12，23-27 页.

参见 陈怡君论文 05

04 图书馆在亲子阅读活动过程中的虚拟与现实作用 / 王清丽 // 才智. ——2017，no.12，263-264 页.

摘要：本文以图书馆对亲子阅读的基础支持、技术指导、活动组织、智慧启发交流与亲子文化氛围营造为基础研究视角，探索在现代信息技术支持下的图书馆与亲子阅读之间的虚拟与现实切换作用。研究认为，其现实作用是在亲子阅读过程中运用以纸质书籍阅读为基本的载体、以强化亲子阅读共享为基础氛围所产生的各种由阅读引发的积极作用。其虚拟作用在于以幼儿与少年儿童发展的前瞻性、导向性、兴趣性、能力发展性与智慧启发性为典型特征的成长引领作用。

魏　瑾

女，1962 年生，山东昌邑人，2017 年入馆至今，管理 6 级（处级）。

论文

01　固原文物考古中的丝路奇珍 / 魏瑾 // 宁夏师范学院学报. ——
　　2015，no.2，105-107 页.

　　摘要：固原北朝、隋唐文物考古中出土有多枚波斯萨珊王朝卑路斯 B 式银币、东罗马金币、金覆面、蓝色宝石印章、萨珊玻璃碗、鎏金银瓶、银装环首铁刀等一批独特的丝路奇珍，引起了国内外学术界的广泛关注，见证了这一时期丝路重镇的兴盛与中西文化交流的繁荣。

魏 菁

女，1974 年生，宁夏隆德人，2008 年入馆至今，馆员。

论文

01 宁夏地区图书馆虚拟参考咨询存在的问题及对策 / 魏菁 // 价值工程. ——2017，no.12，40-41 页.

摘要：近年来，随着宁夏地区各图书馆新馆的建成和投入使用，宁夏地区各图书馆的自动化和网络化建设取得了较大的发展。宁夏地区各图书馆同时也积极开展数字参考咨询服务，信息咨询服务项目主要有电话、E-mail 咨询、QQ，并通过达博文和中国文献网为读者提供实时网上咨询服务。然而，在取得重大成就的同时，也显现出了一些弊端。基于此，本文提出了一些相应的应对措施，以期能够促进宁夏地区各图书馆数字参考咨询的发展。

魏民帮

男，1963 年生，甘肃兰州人，1980 年入馆至今，馆员。

论文

01　公共图书馆的安全保卫工作探究 / 魏民帮 // 东方企业文化. ——
2012，no.22，184 页.

摘要：公共图书馆在社会文化教育工作中发挥重要作用，加强公共图书馆安全建设和保卫工作，对于提高公共图书馆的服务质量、确保公共图书馆稳定运行都有着非常积极的作用。本文就我国公共图书馆安全保卫工作展开分析和论述，指出了公共图书馆安全保卫工作的重要性，并提出了合理的应用策略，希望对于我国公共图书馆的发展起到一定的推动作用。

吴月英

女，1957 年生，辽宁人，1982—2012 年在馆，副研究馆员。

论文

01 中外文图书著录浅识 / 吴月英 // 图书馆理论与实践. ——1998，no.2，13-14+61 页.

摘要：文章着眼于中外文的语言特征以及文化差异，对中外文图书著录的若干异同处进行了简要分析。

02 以社会效益带动图书馆的发展 / 吴月英 // 市场经济研究. ——2000，no.3，65-66 页.

摘要：随着改革开放和市场经济的蓬勃发展，图书馆无偿提供信息服务的观念受到冲击，购书经费不足、馆员素质不高等因素造成读者人数减少。为了适应时代变化的要求，本文提出了提高采购质量、设流动"互联卡"、差异化服务、提高馆员素质、公平合理竞争的对策措施，以期提高社会效益。

肖　群

女，1957 年生，山西人，1979—2012 年在馆，研究馆员。

著作

01　宁夏地方文献联合目录 / 宁夏图书馆协作委员会编. ——银川：宁
　　夏人民出版社，1992. ——903 页，7-227-00784-7（35.00）.
　　编委：肖群
　　参见 高树榆著作 04

02　宁夏图书馆同人文集 / 丁力，张欣毅主编. ——银川：宁夏人民出
　　版社，2008. ——273 页，978-7227-03837-5（32.00）.
　　副主编：肖群
　　参见 丁力著作 02

03　宁夏通志 社会科学卷 / 宁夏通志编纂委员会编. ——北京：方志出
　　版社，2008. ——700 页，978-7-80238-270-1（268.00）.
　　参编：肖群（图书馆学、情报学、档案学研究篇中的图书馆学、
情报学研究）
　　内容提要：《宁夏通志 社会科学卷》70 多万字，全面系统地展示
了宁夏社会科学事业发展的历程，集中地体现了宁夏社会科学工作者

在社会科学各学科研究中所取得的丰硕成果，翔实地记录了全区的重要学术活动、科研机构和团体、科研管理及相关资料。

04 新时期西北地区图书馆事业创新与发展——西北五省（区）图书馆第九次科学讨论会论文集／张欣毅主编. ——银川：宁夏人民教育出版社，2008. ——335 页，978-7-80764-059-2（38.00）.

副主编：肖群

参见 张欣毅著作 09

05 宁夏图书馆志／张欣毅主编. ——北京：国家图书馆出版社，2009. ——301 页，978-7-5013-4202-0（90.00）.

副主编：肖群

参见 张欣毅著作 10

06 2009 年宁夏文化蓝皮书／杨春光主编. ——银川：宁夏人民出版社，2009. ——338 页，978-7-227-04124-5（38.00）.

撰写：肖群（公共文化设施建设新突破），74-89 页

内容提要：本书确立了宁夏文化发展的历史新起点的主题。这对于推动宁夏的全面建设尤其是文化方面实现跨越式发展具有重要的理论价值和现实意义。本书重点突出且较为全面地展现了本年度宁夏文化发展状况。本书内容设计了 6 大板块，并附年度大事记，配以多幅插图。在总报告中，围绕"宁夏文化发展的历史新起点"这一主题，既对宁夏的文化自觉进行深入地剖析与思考，又对宁夏的文化事业和文化产业所取得的成就加以盘点，对存在的问题进行深刻探讨，并就宁夏文化面对的历史机遇和新挑战提出了切实可行的建议。文中蕴含着人生感悟，沐浴着人性的光辉。既有理论高度和思索深度，又有实践精神，对现实生活具有很强的指导意义。

论文

01 关于做好参考咨询工作的几点建议 / 肖群 // 图书馆理论与实践.
——1980，no.1，8-9 页.

摘要：广大读者在学习和工作中，由于对图书馆所收藏的文献资料了解不足，需要图书馆帮助他们查找资料，解答问题。他们需要了解国内外科技发展的动态和最新的科技情报。他们需要翻阅某些工具书和中外期刊，查找一些报刊论文索引或者其他的情报资料。有些读者则要求查找一些人物、事件、历史资料、年代、地名。总之参考咨询工作是图书馆的一项重要工作，本文提出一些建议，供大家参考。

02 哈佛联合目录简介 / 肖群 // 图书馆理论与实践. ——1994，no.2，3 页.

摘要：哈佛大学图书馆联合目录是一个具有国际意义的文献目录资源，它所收录的图书从时间范围上说可上溯至 15 世纪。哈佛大学图书馆是美国建馆最早，规模最大的大学图书馆，它下设80 个分馆，该联合目录就是将各分馆的馆藏卡片目录集中起来。

03 文献资源共享：问题与对策 / 肖群 // 图书馆理论与实践. ——1995，no.2，11-12 页.

摘要：本文作者认为，目前我国文献资源共享存在的问题，主要表现在观念陈旧、缺乏权威性的协调机构、文献结构的总体布局不合理，资源共享的网络尚未建立。针对上述问题应采取下列对策：加强宣传教育、改变评价图书馆质量的标准、建立权威性的协调机构及强有力的文献资源保障体系。

04 强化公共图书馆教育职能 / 肖群 // 图书馆理论与实践.——1996，no.4，21-23 页.

摘要：本文认为，从我国经济发展形势及基本国情出发，公共图书馆目前最基本最主要的职能仍然是社会教育职能，并就如何进一步强化这种职能做了有益的探讨。

05　西部图书馆与西部经济振兴／肖群／／图书馆理论与实践．——1999，no.4，42-44 页.

摘要：文章认为，西部的落后从根本上讲，主要是文化和生活素质以及观念的落后。图书馆应从实际出发，正确定位，从提高西部群体素质入手为西部经济的振兴助一臂之力。

06　加强馆员学术研究能力的培养——由图书馆学学术论文引发的思考／肖群／／图书馆理论与实践．——2003，no.1，3-4+17 页.

摘要：通过剖析图书馆学术论文中存在的一些问题及其成因，提出图书馆应大力加强馆内学术研究活动，培养馆员的学术研究能力，提高论文写作水平，并将此作为一项十分重要的工作纳入图书馆的发展轨道，促进图书馆事业的可持续发展。

07　图书馆员职业道德建设新论／肖群／／图书馆理论与实践．——2004，no.1，5-7 页.

摘要：图书馆员职业道德建设是现代图书馆法治环境建设的重要组成部分，只有通过规范化的职业道德建设，强化图书馆员的社会责任感和职业精神，提高其专业素养和业务技能，才能更好地为全社会提供服务。

08　图书馆员职业道德之历史传承与时代精神／肖群，陈英／／图书馆理论与实践．——2006，no.6，63-65 页.

摘要：图书馆员职业道德建设既要重视优良传统的传承，又要与时代发展的步伐相一致。《中国图书馆员职业道德准则》这一自律性的行为规范集中体现了这一精神。爱图书、爱读者，追求知识资源的最大化利用，永远是贯穿图书馆员职业道德建设的一条主线。

09　政府公开信息——地方文献资源体系建设中的新元素 / 肖群 // 图
　　书馆理论与实践. ——2010，no.12，114-119 页.

　　摘要：政府公开信息作为公共信息资源的重要组成部分有其独特
的作用，将其纳入公共图书馆的地方文献资源体系，不但可促进地方
文献资源体系的建设，也能更好地为民所用。文章分析了将政府信息
纳入公共图书馆地方文献资源体系的可行性与作用，并就如何获取、
整合政府信息，深化政府信息服务提出思路。

10　公共文化服务的回归 / 肖群，郭君立 // 图书馆理论与实践. ——
　　2011，no.9，73-77 页.

　　摘要：公共图书馆是由政府兴办的全民可以共同享用的公共文化
机构，其核心在于"公共"二字。图书馆全面免费服务的推出，使公
共图书馆回归了原本的公共性、公益性属性。做好公共文化服务之根
本在于必须要获取效益，并能够可持续发展。

谢梅英

女，1959 年生，陕西人，1985—2014 年在馆，研究馆员。

论文

01 省级图书馆家谱文献的抢救性调查搜集与研究开发 / 谢梅英 // 图书馆理论与实践. ——2002，no.1，59–61 页.

摘要：家谱是一种特殊文献资源，是我国民族文化的宝贵遗产，但有史以来私人家谱概不外传，加上历代天灾人祸对家谱文献的破坏，得以幸存的家谱极少，以致省级图书馆此类资源严重匮乏。应立即采取相应措施，对家谱文献进行抢救性调查搜集并进行研究开发，使之为经济建设及弘扬民族文化服务。

02 宁夏图书馆家谱文献的收藏状况及特点 / 谢梅英 // 图书馆理论与实践. ——2002，no.3，64-73 页.

摘要：介绍了宁夏图书馆家谱文献的收藏情况，并对其所具有的民族、地方特点，进行了一些探讨。

03 用品牌意识统领读者阅读指导创新服务模式 / 谢梅英，沈丽英 // 图书馆理论与实践. ——2011，no.12，22-25 页.

摘要：论述了多元化阅读时代图书馆实施全面开放后对全民阅读

指导的民族使命，强调了图书馆用品牌意识统领读者阅读指导，实施创新品牌服务模式，建立阅读指导品牌服务在全民阅读中的重要地位。列举了近 3 年宁夏图书馆围绕读者阅读指导工作打造的"书香宁夏"及"阅读新视界"等阅读指导服务品牌建设的实例，论述了图书馆利用现代媒体建设品牌服务、创新阅读指导新领域、引导公民增强图书馆阅读意识的有效途径。

04　论西北五省区古籍保护与书目数据库建设 / 谢梅英 // 图书馆理论与实践. ——2012，no.10，102–103 页.

摘要：本文对当前宁夏地区古籍普查情况、国家珍贵古籍名录申报情况、各收藏机构古籍存储环境、各类古籍专业技术人员状况、古籍文献破损情况、宁夏地区书目数据库筹建过程发现的紧迫问题给予了全面概要阐述。提出了省级各图书馆之间古籍普查、保护与修复人员等事项的纵向合作，对西北五省区特藏古籍鉴定和开发利用及数据库建设等问题提出了横向联合战略构想。

05　关于西北地区古籍普查保护与书目数据库建设合作机制的战略构想 / 谢梅英 // 黑龙江科技信息. ——2012，no.27，174 页.

摘要：文章对当前宁夏地区古籍普查情况、国家珍贵古籍名录申报情况、各收藏机构古籍存储环境、各类古籍专业技术人员状况、古籍文献破损情况、宁夏地区书目数据库筹建过程发现的紧迫问题给予了全面概要阐述。提出了省级各图书馆之间古籍普查、保护与修复人员等事项的纵向合作，同时对西北五省区特藏古籍鉴定和开发利用及数据库建设等问题提出了横向联合战略构想。

06　宁夏农村未成年人阅读权利现状调查与分析 / 谢梅英，张惠芳 // 黑龙江科技信息. ——2012，no.28，178–179 页.

摘要：以宁夏吴忠市部分乡镇中小学学生为调查对象，以调查问卷和个别访谈的方式获取民族地区农村未成年人阅读权利保障现状的基本情况，在综合分析的基础上归纳出存在的一些问题，提出了一些改善农村未成年人阅读的措施建议、设想。

07　基于社区图书馆为少儿阅读服务的构想 / 谢梅英 // 经济研究导刊.
　　——2012，no.32，207-208 页.

　　摘要：从社区图书馆的内涵与特征入手，分析了社区图书馆服务少年儿童的优势及存在的问题，从经费保障、馆藏要求、馆员素质等方面，提出了让社区图书馆为少儿阅读服务的对策建议。

徐 黎

女，1971年生，河南人，1991—2010年在馆，副研究馆员。

论文

01 浅论公共图书馆的发展模式 / 王岗，徐黎 // 图书馆理论与实践.
——2000，no.5，34–35页.
参见 王岗论文 03

02 中小型图书馆办公网的实现 / 徐黎，宋逦 // 图书馆理论与实践.
——2001，no.1，69–70页.
摘要：介绍了小型办公网在中小型图书馆的实现。

03 网上电子信息的真实性和安全性 / 王岗，徐黎 // 图书馆理论与实
践.——2001，no.2，38–40页.
参见 王岗论文 04

04 《中国机读目录格式使用手册》编目例析 / 郭生山，徐黎 //
图书馆理论与实践.——2006，no.4，65+69页.
参见 郭生山论文 02

05 "共享工程"与欠发达地区图书馆服务方式的拓展 / 徐黎，
郭生山 // 图书馆. ——2006，no.5，116–117 页.

摘要："共享工程"作为新的资源共享行动，为日渐萎缩的欠发达地区的图书馆的发展提供新的业务拓展契机。这些图书馆应充分利用"共享工程"提供的有利条件，在资源的重组、服务方式的拓展，资源的开发和资源体系建设方面抓住机遇，从而使图书馆的发展走出困境。

06 从 Google 的数字图书馆计划看我国数字图书馆的发展 / 徐黎 // 图书馆理论与实践. ——2006，no.5，19–20 页.

摘要：通过对 Google 进军数字图书馆的分析，探讨了我国数字图书馆的发展方向。

07 从数字图书馆与图书馆数字化的区别和联系谈数字化时代的图书馆建设 / 徐黎，徐进 //图书馆理论与实践. ——2006，no.6，19–20 页.

摘要：通过分析数字图书馆与图书馆数字化之间的区别和联系，探讨了数字化时代的图书馆该如何建设的问题。

08 宁夏公共图书馆社区联盟的建设与发展 / 王岗，徐黎 // 图书馆理论与实践. ——2012，no.11，57–62 页.
参见 王岗论文 19

徐 娜

女，1984 年生，江苏邳州人，2010 年 9 月入馆至今，馆员。

论文

01 西北五省区公共图书馆专业人员发表学术论文计量分析 / 徐娜 //
图书馆理论与实践. ——2013，no.4，83-86 页.

摘要：应用文献计量学方法，以 CNKI 中国学术期刊网络出版总库为数据源，统计分析了 1980—2011 年西北 5 省区 5 所公共图书馆专业人员发表学术论文的年代分布、期刊分布、核心作者、合作情况、被引频次以及论文所属机构的学术状况等方面，以期揭示西北五省区公共图书馆学术研究现状和研究热点。

02 宁夏县级图书馆发展现状及对策研究 / 徐娜 // 西北五省（区）图
书馆事业发展研究 / 青海省图书馆学会，青海省图书馆编. ——西
宁：青海民族出版社，2014. ——260-267 页.

摘要：县级图书馆是基层公共文化体系的重要组成部分。文章通过访谈法、文献查阅分析等方法，对宁夏县级图书馆的设施设备、人员结构、文献资源、经费情况等方面进行总结与分析，指出县级图书馆发展中存在的问题，并对基层级图书馆发展提出了建议与对策。

03　新媒体环境下基于移动终端的公共图书馆信息服务研究／徐娜／／
　　内蒙古科技与经济.——2016，no.16，88-89 页.

　　摘要：在介绍基于手机等移动终端的公共图书馆服务几种形态、
特征和应用的基础上，针对目前新媒体环境下图书馆信息服务存在的
问题，提出了提升图书馆信息服务的建议。

04　公共图书馆少儿阅读推广路径研究——以宁夏回族自治区图书馆
　　为例／徐娜／／图书馆理论与实践.——2018，no.11，10-14 页.

　　摘要：在倡导全民阅读的社会大背景下，少儿阅读推广作为全民
阅读推广的基石工程，逐渐受到社会各个机构和组织的重视。文章在
总结宁夏回族自治区图书馆少儿阅读推广服务现状的基础上，采用问
卷调查和访谈法，对图书馆少儿阅读推广服务情况进行调查，分析总
结各个年龄段的少儿阅读需求，并针对宁夏回族自治区图书馆少儿阅
读推广服务存在的问题，提出推动少儿阅读推广服务的现实路径。

05　新媒体环境下公共图书馆移动服务质量评价研究／徐娜／／中国图
　　书馆学会年会论文集（2019 年卷）／中国图书馆学会编.——北
　　京：国家图书馆出版社，2019.——48-62 页.

　　摘要：文章以新媒体环境为研究背景，以公共图书馆移动服务质
量为研究对象，在回顾图书馆移动服务质量的文献研究基础上，应用
德尔菲法（Delphi method）和层次分析法（AHP）构建了新媒体环境
下公共图书馆移动服务的质量评价模型。之后，以宁夏图书馆为例，
通过对调查问卷数据的统计和结果分析，发现宁夏图书馆移动服务中
存在的问题。最后，提出了新媒体影响下改善我国公共图书馆移动服
务质量的发展建议。

06　我国图书馆口述历史研究进展（2000—2019）／徐娜／／新时代西
　　北地区图书馆创新与发展研究／甘肃省图书馆学会，甘肃省图书

馆编. ——兰州：甘肃人民出版社，2020. ——26-36 页.

摘要：文章采用文献计量和知识图谱结合的方法，针对 CNKI 2000—2019 年收录的有关图书馆口述历史研究的 186 篇论文，从文献的年代分布、来源期刊、发文作者以及关键词等方面进行文献计量分析，揭示我国图书馆口述历史研究热点和研究趋势。

徐远超

女，1989 年生，宁夏银川人，2016 年 11 月入馆至今，馆员。

著作

01 （嘉庆）平罗县志. ——上海：上海古籍出版社，2018. ——528 页，
978-7-5325-8739-1（168.00）.

校注：徐远超

内容提要：《（嘉庆）平罗县志》是宁夏回族自治区石嘴山市现存
的三部旧志，本书按照现代古籍整理规范，对以上三部地方志进行录
文、标点、校勘、注释整理，所选底本精善、参校资料丰富，具有较
高的学术价值。系国家社科基金重点项目"宁夏地方文献整理与研究"
（12AZD081）的成果之一。

闫东芳

女，1987 年生，河北张家口人，2011 年入馆至今，馆员。

著作

01 宁夏图书馆馆藏精品集萃 / 韩彬主编.——银川：阳光出版社，
    2016.——295 页，978-7-5525-2527-4（288.00）.
    分章编写：闫东芳（第九章）
    参见 韩彬著作 02

论文

01 关于宁夏地区图书馆开展移动服务现状的思考 / 闫东芳 // 科技视
    界.——2017，no.27，190-191 页.
    摘要：本文通过分析介绍宁夏地区图书馆开展微博、微信、移动
    图书馆这三种移动服务现状，进一步剖析其存在有起点低、起步晚、
    服务内容简单单一、服务层次粗浅、移动服务影响力较弱、容易造成
    资源浪费等问题，并在此基础上给出相应的意见建议和对策。

02 国内 Living Library 发展状况的调查研究——以荒岛图书馆为例 /
    闫东芳 // 农业图书情报学刊.——2017，vol.29，no.10，91-94 页.
    摘要：以荒岛图书馆为例，介绍了荒岛图书馆和 Living Library 的

相关概念、自身优势，回顾了国内 Living Library 的形成过程和发展现状，研究总结了荒岛图书馆 Living Library 的发展策略分别包括媒体宣传、科学管理、社会多方合作、开发加工、制度完善等方面。

闫秀芳

论文

01 关于民族贫困地区图书馆为本地区经济文化建设服务的思考 / 闫
秀芳 // 图书馆理论与实践：中国西部图书馆事业发展战略东西部
合作论坛会议专辑. ——2000，112-113 页.

摘要：本文从民族贫困地区图书馆建设的有利条件入手，探索民族
贫困地区图书馆如何进一步发展的方法与路径。

杨　蕾

女，1967 年生，四川简阳人，1989 年入馆至今，副研究馆员。

著作

01　宁夏图书馆志 / 张欣毅主编. ——北京：国家图书馆出版社，2009.
　　——301 页，978-7-5013-4202-0（90.00）.
　　分章主编：杨蕾（第六章），127-145 页
　　参见 张欣毅著作 10

02　2012 宁夏文化蓝皮书 / 杨春光主编. ——银川：宁夏人民出版社，
　　2011. ——247 页，978-7-227-04962-3（42.00）.
　　参编：杨蕾，负责 2011 年宁夏图书馆公共文化服务体系建设发展
报告部分
　　内容提要：《2012 宁夏文化蓝皮书》在全面反映我区文化发展面
貌的基础上，突出了我区在文化体制改革、文化产业、精神文明创建、
农村公共文化建设和精神文明建设等方面的工作成绩，体现了我区哲
学社会科学工作者更加关注实践、关注民生、关注热点的精神，切实
推出了一批有深度有价值的研究成果。

03　宁夏图书馆馆藏精品集萃 / 韩彬主编. ——银川：阳光出版社，

2016. ——295 页，978-7-5525-2527-4（288.00）.

分章编写：杨蕾，负责地方文献、港台文献、学术文献和工具书文献选取与提要撰写

参见 韩彬著作 02

论文

01 浅谈社科院系统图书馆的自动化网络化建设问题 / 董积生，杨蕾 // 开发研究. ——2000，no.3，52-54 页.

摘要：在信息时代，图书馆自动化网络化势在必行。本文在肯定成绩的同时指出了社科院系统图书馆在自动化建设过程中存在的问题，并就如何解决这些问题提出了四点对策。

02 智慧服务视角下图书馆知识服务的推演和重构 / 杨蕾 // 图书馆学刊. ——2016，no.12，67-69 页.

摘要：分析了智慧服务视角下图书馆知识服务的推演，探讨了智慧服务视角下图书馆知识服务的实现过程，以及智慧服务视角下图书馆知识服务模式的重构，最后研究了图书馆知识服务与知识重构的常见支持技术。

03 基于 5S 模型的公共图书馆大流通服务体系构建 / 杨蕾 // 图书馆学刊. ——2017，no.3，1-4 页.

摘要：在分析公共图书馆大流通服务内涵与特点的基础上，探讨了公共图书馆大流通服务体系的构建要素，结合 5S 模型研究了大流通服务体系的构建方法，提出公共图书馆应强化人力资源管理和用户数据库管理，设计流通服务质量评价指标体系，为服务体系的稳定运作提供保障。

04 《民国时期宁夏政府公报文献集成》述评 / 杨蕾 // 图书馆理论与
实践. ——2018，no.12，110-113 页.

摘要：政府公报是中央和地方政府机构出版发行的集权威性与真实性于一体的资料性文献，具有鲜明的时代特色和珍贵的文献价值。特别是民国时期出版的政府公报，是研究民国史不可或缺的原始资料文献。宁夏地处边陲，马鸿逵政府为巩固统治，出版了相当数量的政府公报，成为研究民国历史的活化石，为宁夏民国史研究提供了较为珍贵完整的史料档案。但由于种种原因，民国时期宁夏政府类公报的文献整理和学术研究相对滞后，成为宁夏民国史研究的空白。由李习文等主编的《民国时期宁夏政府公报文献集成》将民国时期宁夏的政府公报文献进行了系统收集整理，弥补了民国宁夏史研究的缺憾，意义十分重大，具有重要的开创性价值和意义。

杨丽华

女，1979 年生，宁夏贺兰人，2008 年入馆至今，馆员。

著作

01 宁夏图书馆馆藏精品集萃 / 韩彬主编.——银川：阳光出版社，2016.——295 页，978-7-5525-2527-4（288.00）.

分章编写：杨丽华（第五章），143-181 页.

参见 韩彬著作 02

02 宁夏回族自治区图书馆古籍普查登记目录 /《宁夏回族自治区图书馆古籍普查登记目录》编纂委员会著，本书编委会编.——北京：国家图书馆出版社，2018.——240 页，978-7-5013-6522-7（160.00）.

编委：杨丽华

参见 韩彬著作 05

论文

01 浅议宁夏回族自治区图书馆外文图书的收藏及利用 / 杨丽华 // 图书馆理论与实践.——2011，no.12，90-91 页.

摘要：从宁夏回族自治区图书馆的实际情况出发，对宁夏图书馆外文图书的收藏和利用情况进行了分析。针对当前宁夏图书馆外文图书的读者群及外文图书的利用情况做了调查并提出了一些具体可行的措施。

02　公共图书馆如何做好阅读推广工作 / 杨丽华 // 知识文库. ——2017，no.4，39–40 页.

摘要：本文作者结合自身的工作实践和感悟，从"阅读环境""图书资源""数字化图书馆""深入基层"等方面就公共图书馆如何做好阅读推广工作进行了初步分析。

03　数字时代图书馆阅读推广模式概述 / 杨丽华 // 世界家苑. ——2018，no.12，139 页.

摘要：数字时代海量数据涌现，图书馆阅读方式也发生了一定变化，而图书馆阅读推广模式的创新化，能够更好地符合社会群体的阅读需求，促进优良阅读习惯的养成。本文就数字时代图书馆阅读的变化进行阐述，进一步从移动图书馆推广、电子阅读器推广和社会媒体推广这三个层面入手，对数字时代图书馆阅读推广主要模式进行分析，旨在全面提升图书馆阅读推广实效。

04　中文图书编目与外部数据源的利用分析 / 杨丽华 // 卷宗. ——2020，no.5，165 页.

摘要：图书编目属于图书馆的主要业务工作，实行联合编目是图书馆发展到一定程度的必经阶段。科学、充分地利用外部资源能够为编目工作的有序进行提供保障。本文首先对利用外部数据源的意义作出了说明，然后对外部数据源的应用及其策略进行了探讨，最后对外部书目数据资源的利用方向作出了分析。

杨文光

男，1932 年生，河北香河人，1961—1993 年在馆，副研究馆员。

论文

01 我国原始社会文献形态考略 / 杨文光 // 图书馆理论与实践. ——
1988，no.3，64-72 页.

摘要：文献，这是一切文献机关（如档案馆、图书馆、情报所、
资料室等）的基本物质前提和物质基础。有了一定的文献，才能有一
定的文献收集典藏和研究利用。文献，其基本构成要素是记录内容、
记录手段和记录载体，而记录手段常居先导地位。有了一定的记录手
段，才可以表达一定的记录内容，也才需要寻求与之相适应的记录载
体。关于我国文献发展历史，学者大都自殷商甲骨文献始论，但由于
迄今未见夏朝文献实物，实际即是从奴隶社会论起，而再溯本逐源，
则当自原始社会寻根。

02 浅谈科学学关于图书资料活动的理论 / 杨文光 // 图书馆理论与实
践. ——1990，no.4，20-22+29 页.

摘要：图书资料活动与科学技术的关系是现代图书馆学关注的重
要课题。对它的研究，大大地丰富了现代图书馆学的理论。当代诞生
了一门新兴学科——科学学，科学学是研究科学技术活动总体各个构

成部分、它们的结构组合关系以及科学技术总体历史和发展规律的学科。图书资料活动与科学技术活动的关系问题，也是科学学研究的课题之一。

杨文琴

女，1964 年生，宁夏固原人，2011年入馆至今，研究馆员。

论文

01 少数民族图书馆服务创新的探索与实践——以宁夏图书馆为例 /
   杨文琴 // 价值工程. ——2013，vol.32，no.21，276-278 页.

   摘要：少数民族图书馆是服务于各族人民的重要文化场地，随着
   人们生活方式的变迁以及社会技术的不断发展，少数民族图书馆也应
   不断进行创新探索，吸引更多人享受图书馆的服务，使图书馆资源利
   用最大化，以推动少数民族文化大繁荣。本文以宁夏回族自治区图书
   馆为例，从图书馆的现状出发，研究图书馆服务创新中的理念创新、
   服务模式创新、技术应用创新等等，最后给出宁夏图书馆继续创新服
   务的几点建议与对策。

02 宁夏图书馆品牌服务理念 / 杨文琴 // 价值工程.——2013，vol.32，
   no.28，164-165 页.

   摘要：图书馆品牌服务理念的形成对于图书馆在激烈的市场竞争
   中谋求生存与发展具有重要意义。本文以宁夏图书馆为研究对象，从 8
   个方面总结出宁夏图书馆品牌服务的经验，为图书馆品牌服务理念的
   形成和建设提供借鉴和参考。

03 宁夏图书馆品牌服务建设分析 / 杨文琴 // 辽宁工程技术大学学报（社会科学版）.——2014，vol.16，no.1，44–46 页.

摘要：文章针对图书馆品牌建设问题，采用归纳分析的方法，以宁夏图书馆为例，分析了图书馆品牌建设作用、品牌建设内涵，提出打造图书馆服务品牌、提供图书馆创新服务、提供图书馆特色服务、提供图书馆满意服务 4 个方面的图书馆品牌服务建设实现途径，以为图书馆品牌服务建设提供借鉴。

04 新媒体编辑创新机制研究 / 杨文琴 // 中共银川市委党校学报.——2014，vol.16，no.5，68–70 页.

摘要：现代社会高度开放的新媒体编辑环境，对新媒体编辑的基本素质提出了较高的要求。新媒体编辑和传统编辑的素质要求是相通的，较强的政治意识、大局意识、核心意识、看齐意识是他们共同必须具备的基本素质，但是也需要创新的工作机制与素养。

05 图书馆软实力评价研究 / 杨文琴 // 图书馆理论与实践.——2014，no.8，33–35 页.

摘要：以现有图书馆软实力研究成果为基础，总结了图书馆软实力的概念，对图书馆软实力的影响因素进行了系统辨识，并据此构建出图书馆软实力影响因素评价指标体系，采用模糊一致偏好关系对图书馆软实力影响因素进行重要性判断，得出各个影响因素的重要性程度，以具体评价结果为根据，进而明确提升图书馆软实力应重点加强的环节，为图书馆软实力的提升提供了重要依据。

姚晓燕

女，1975 年生，宁夏固原人，2014 年 8 月入馆至今，馆员。

论文

01　公共图书馆形象塑造及其实现路径——以宁夏回族自治区图书馆
　　为例 / 姚晓燕 // 图书馆理论与实践. ——2018，no.12，30-33 页.

　　摘要：文章以宁夏回族自治区图书馆为例，从其办馆理念、馆内
环境营造、软硬件资源建设、馆员形象及宣传报道等工作的角度，详
细叙述并分析了其形象塑造及提升的路径及其存在的问题。在此基础
上，提出公共图书馆形象塑造及提升的具体实现路径。

02　西北贫困地区县级公共图书馆服务模式调研——以宁夏固原地区
　　县级公共图书馆为例 / 王岗，李亚楠，姚晓燕 // 图书馆理论与实
　　践. ——2019，no.9，7-10 页.
　　参见 王岗论文 31

03　"一带一路"背景下公共图书馆的发展 / 姚晓燕 // 神州印象. ——
　　2019，no.11，60-63 页.

　　摘要："一带一路"背景下指的是构建一个区域性合作平台，从
而促进沿线各国之间经济、政治以及文化的交流与发展，进而实现互

利共赢、共同发展的良好局面。作为储藏、传播文化知识的关键性机构，公共图书馆在"一带一路"背景下，应该寻找全新的发展机遇，从而为大众提供崭新的文化知识，促进各国间人文与思想的交流与融汇，为"一带一路"倡议的实现奠定基础。

04   基于图书馆办公室业务管理的创新与发展分析 / 姚晓燕 // 祖国.
　　——2019，no.12，134+84 页.

摘要：就图书馆的办公室管理工作来说，办公室人员对于图书馆的整体管理水平发挥着重要影响，但传统图书馆的办公室业务管理工作存在的问题比较突出，管理效益低下，已经不能满足现阶段图书馆的服务需求，需要积极进行创新改革，以推动图书馆管理业务不断创新发展。本文主要介绍了图书馆办公室业务管理的具体内容，分析图书馆办公室业务管理现状，并探究新时期图书馆办公室业务管理创新和发展的有效对策。

05   浅析新媒体视域下现代公共文化服务体系 / 姚晓燕 // 传播力研究.
　　——2020，no.24，18−19 页.

摘要：近年来，人民群众对于公共文化服务的需求不断增长，随着信息化时代的到来，人工智能、物联网、大数据和数字技术开始在我们的工作和生活中不断得到普及，新媒体开始被广泛应用于现代公共文化服务体系建设中，数字技术、自适应学习技术和微学习技术在公共文化服务体系建设中发挥了至关紧要的作用，公共文化服务体系得到了进一步的强化。本文在对现代公共文化服务体系进行概述的基础上，对新媒体背景下的现代公共文化服务体系进行了探讨，分析了新媒体环境下的传播优势，并就新媒体形势下公共文化服务体系发展提出自己的意见和建议。

尹光华

女，1962 年生，河北沧州人，1980 年入馆至今，副研究馆员。

著作

01　宁夏图书馆志 / 张欣毅主编. ——北京：国家图书馆出版社，2009.
　　——301 页，978-7-5013-4202-0（90.00）.
　　分章主编：尹光华（第十二章 附录），245-299 页
　　参见 张欣毅著作 10

02　宁夏政报 1950-1954/ 宁夏回族自治区人民政府办公厅，宁夏社会
　　科学院编. ——兰州：甘肃文化出版社，2014. ——4576 页，
　　978-7-5490-0757-8（1980.00）.
　　编辑：尹光华
　　内容提要：《宁夏政报（1949—1954）》八卷本，2014 年 10 月由
甘肃文化出版社出版，作为一部保存宁夏解放初期重要历史记录的珍
贵历史文献，反映出编者们对宁夏回汉等各族人民的赤诚之心。书前
题有：谨以此书献给中华人民共和国成立 65 周年！宁夏解放 65 周年！
以此表达了编辑出版此书的主旨和深切情感。

03　宁夏回族自治区珍贵古籍名录图录 / 韩彬，吕毅主编. ——北京：国家

图书馆出版社，2015.——237 页，978-7-5013-5586-0（260.00）．

第一副主编：尹光华

参见 韩彬著作 01

04　宁夏旧方志集成 / 贠有强，李习文主编.——北京：学苑出版社，2015.——35 册，978-7-5077-4952-6（12880.00）．

参编：尹光华

内容提要：本书收录了宁夏现有传世旧方志 30 种（其中明代 6 种、清代 18 种、民国时期 6 种）及 2 种专业志，依明代编、清代编、民国编排序。为了方便读者对宁夏旧志了解，由吴忠先生对宁夏传世的旧方志进行了全面、系统的研究，撰写了总序。该套书搜寻范围广泛，几近全部原始刻本、抄本、稿本，包括流失海外的孤本，可谓搜罗殆尽。

05　宁夏图书馆馆藏精品集萃 / 韩彬主编.——银川：阳光出版社，2016.——295 页，978-7-5525-2527-4（288.00）．

编写：尹光华

参见 韩彬著作 02

06　宁夏回族自治区图书馆古籍普查登记目录 /《宁夏回族自治区图书馆古籍普查登记目录》编纂委员会著，本书编委会编.——北京：国家图书馆出版社，2018.——240 页，978-7-5013-6522-7（160.00）．

副主编：尹光华

参见 韩彬著作 05

07　民国时期宁夏文献集成 第一辑 / 李习文，刘天明主编.——北京：国家图书馆出版社，2018.——20 册，978-7-5013-6601-9（12000.00）．

参编：尹光华

参见 丁宁宁著作 01

08　民国时期宁夏文献集成 第二辑 / 李习文，刘天明主编. ——北京：国家图书馆出版社，2018. ——26 册，978-7-5013-6602-6（15600.00）.

　　参编：尹光华

　　参见 丁宁宁著作 02

09　民国时期宁夏文献集成 第三辑 / 李习文，刘天明主编. ——北京：国家图书馆出版社，2020. ——10 册，978-7-5013-7009-2（7000.00）.

　　参编：尹光华

　　内容提要：李习文、刘天明、张玉梅等人于 2018 年先后主持整理了《民国时期宁夏文献集成 第一辑》与《民国时期宁夏文献集成 第二辑》，对民国时期的宁夏文献进行了较全面的爬梳。但在之后的研究工作中，他们又搜集到一些可资研究的文献。其中一部分，可作为前两辑的内容补充；而另一部分，则是近年搜集整理到的账簿、粮簿及地籍册等档案文献，其中部分属首次披露。这对进一步细化、深化相关领域的学术研究，具有较高的文献参考价值。

10　宁夏回族自治区二十家收藏单位古籍普查登记目录 /《宁夏回族自治区二十家收藏单位古籍普查登记目录》编委会编. ——北京：国家图书馆出版社，2020. ——438 页，978-7-5013-6877-8（288.00）.

　　主编：尹光华

　　内容提要：本书是《宁夏回族自治区图书馆古籍普查登记目录》的姊妹篇，两书合为"双璧"，完整呈现了宁夏回族自治区古籍普查登记成果。本书收录了宁夏回族自治区 20 家古籍收藏单位共计 3826 种51995 册 / 件 1912 年以前的古代典籍，完成了对宁夏地区所有古籍的整理著录工作，对文化的赓续传承具有重大意义。除了按照"全国古籍普查登记平台"各项条目详细著录古籍信息外，本书所收古籍涵盖了整个宁夏地区，展现了宁夏回族自治区独特的历史、民族、地理、文化魅力，是一次宁夏文化底蕴的全方位展示，对提升宁夏地区的文化自信具有深远意义。本书著录普查编号、索书号、题名卷数、著者、版本、册数、存卷等多项信息，并附《书名笔画字头索引》和《书名笔画索引》，便于读者查阅。

论文

01 以西部大开发为契机，发展民族地区图书馆事业 / 图雅，尹光华 // 图书馆理论与实践：中国西部图书馆事业发展战略东西部合作论坛会议专辑. ——2000，110-112 页.

摘要：改革开放以来，我国民族图书馆事业发展迅速，且大多集中在西部。虽然在馆舍面积、设施、藏书量、人员素质等方面都有了不同程度的发展，但与东部沿海发达地区相比，差距仍然较大。本文就内蒙古阿拉善盟图书馆事业发展的对策谈一些思考。

02 实践与探索——宁夏图书馆分馆给我们的启示 / 王向楠，尹光华，王英 // 图书馆理论与实践. ——2002，no.4，80-82 页.

摘要：宁夏图书馆在闹市区所办的两个流通分馆，在实践中大胆尝试与探索，对如何搞好图书馆事业有重要的启示。图书馆在经济社会中，要转变陈旧的观念，更好地方便读者，要结合本馆的实际情况大胆创新，用理论来指导实践，在实践中丰富图书馆理论，更好地满足社会发展的需求。

03 略论宁夏地区古籍普查与古籍保护工作的开展 / 张京生，尹光华 // 图书馆理论与实践. ——2009，no.10，86-89 页.
参见 张京生论文 03

04 《朱子年谱》上的焦循题记 / 尹光华，安建平 // 图书馆理论与实践.

——2010，no.5，63-64 页.

摘要：对宁夏图书馆所藏乾隆坊间刻本《朱子年谱》中清代著名哲学家、数学家和戏曲理论家焦循的题记进行了分析、介绍，以期探求其在明清以来儒学发展、程朱理学和乾嘉学派等方面的重要学术价值。

05 宁夏地区古籍文献寄存体系建设实证研究 / 王岗，尹光华 // 图书馆理论与实践. ——2010，no.9，37-42 页.

参见 王岗论文 17

06 文化多样性与民族地区图书馆多元化服务—以宁夏回族自治区图书馆为例 / 尹光华，李海燕 // 图书馆理论与实践. ——2012，no.10，72-74 页.

摘要：文化多样性已成为当今文化发展的趋势，在文化多样性背景下要保持各民族文化的和谐共存及传承发扬，民族地区图书馆开展多元文化服务显得尤为必要。图书馆可以通过立足本土，了解服务区域内的读者需求；建设多元文化馆藏，满足不同文化群体的需要；重视培训学习，提高馆员多元文化素养；积极推广宣传，吸引多元文化读者等几种途径在本地区有效开展多元文化服务。

07 关于加强宁夏地区古籍修复工作的思考 / 尹光华 // 科技情报开发与经济. ——2012，no.23，6-7+10 页.

摘要：分析了我国和宁夏地区古籍破损情况及修复人员的现状，针对宁夏地区实际情况提出了增加资金投入、购置设备、设立古籍修复室和培养专业修复人员等古籍修复措施。

08 古籍善本《水经注释》版本研究——以宁夏大学图书馆藏善本为例 / 刘志军，尹光华，李又增 // 图书馆理论与实践. ——2014，no.10，83-85 页.

摘要：宁夏大学图书馆藏《水经注释》的版本为三种，以此对《水经注释》的著录及版本源流进行了梳理，并对馆藏的三种版本书首体例进行比勘。

09　宁夏回族自治区图书馆馆藏民国时期中文工具书书目（一）/ 尹光华，王岗 // 图书馆理论与实践. ——2018，no.11，123–128 页.

摘要：文章在清点整理宁夏回族自治区图书馆馆藏民国时期中文工具书的基础上，按照《中国图书馆分类法》进行了分类著录。书目对原文献著录项目不全的图书，经与国家图书馆、上海图书馆馆藏核对，结合百度查找予以补充完善，并以下画线标注，以备查存。

10　新媒体环境下图书馆读者服务工作创新研究 / 尹光华 // 传媒论坛. ——2018，no.12，140–141 页.

摘要：随着国民经济的不断增长，新媒体技术的不断发展，我国图书馆事业的发展得到了质的飞跃。基于新媒体环境下，现代图书馆要高度重视读者服务创新工作，通过积极应用新媒体技术能够实现读者与图书馆的紧密交互，为广大读者提供高品质的服务，全面提升图书馆服务综合水平，促进图书馆建设事业稳定持续的发展，创造出更多的社会效益。本文将进一步对新媒体环境下图书馆服务工作创新展开分析与探讨，旨在为同行业者提供科学参考依据。

11　图书馆古籍整理人才队伍建设研究 / 尹光华 // 文化创新比较研究. ——2018，no.36，146–147 页.

摘要：随着国民经济的不断增长，科学技术的不断创新，现代图书馆建设工作发展得到了质的飞跃。古籍整理与利用作为图书馆工作的重中之重，是一项必不可缺的内容，直接关系到我国传统文化的保护与传承工作。然而，由于我国图书馆古籍整理人才较为缺乏，未能够成功组建起专业完善的古籍整理人才队伍，导致了图书馆古籍管理工作过程中存在着各种问题，影响到各个环节工作顺利地开展。因此，国家政府部门必须加大对古籍保护力度，加强对图书馆科学指导工作，加强对古籍整理人才的培养工作，不断提高相关工作人员的专业能力和素质。本文将进一步对图书馆古籍整理人才队伍建设展开分析与探讨。

12 宁夏回族自治区图书馆馆藏民国时期中文工具书书目（二）/ 尹光华，王岗 // 图书馆理论与实践. ——2019，no.1，105-112 页.

摘要：文章在清点整理宁夏回族自治区图书馆馆藏民国时期中文工具书的基础上，按照《中国图书馆分类法》进行了分类著录。书目对原文献著录项目不全的图书，经与国家图书馆、上海图书馆馆藏核对，结合百度查找予以补充完善，并以下画线标注，以备查存。

13 新时代公共图书馆史志编纂之思考 / 尹光华 // "纪念毛晋诞辰 420 周年暨 2019 年图书馆史志编纂学术研讨会"论文集 / 常熟市图书馆编. ——江苏：常熟图书馆，2019. ——402-406 页.

摘要：现代图书馆在继承了古代藏书楼收藏、保护文献和传递文化的特性的同时，开放性也进一步延展，更加多样化、人性化、现代化、科学化。图书馆史志记载人类社会中一切关于图书馆的活动，探索图书馆事业发展规律，为图书馆事业发展提供必要的借鉴与启示。对于图书馆事业的发展而言，图书馆史志编纂有着重要意义，《宁夏图书馆志》等图书馆史志实事求是、史志结合、重视史论结合、体现以人为本的原则，为新时期图书馆史志编纂提供了宝贵的实践经验。同时，公共图书馆史志编纂还存在着继承传统和锐意创新之间相矛盾、研究领域有待进一步拓宽、数量不足等，以《宁夏图书馆志》为例，未来图书馆史志的编纂可以从编写索引、增加口述史内容、结合文旅融合的大背景进一步拓宽研究领域、制定长远的续编计划等方面加以探索。

14 宁夏回族自治区古籍保护事业近十年发展述略 / 尹光华 // 图书馆
   理论与实践.——2020，no.11，127-130+136 页.

   摘要："中华古籍保护计划"开展十余年来，宁夏回族自治区古籍
保护事业在普查登记、整理出版、人才培养、宣传推广等方面都取得了
长足的发展。文章总结了宁夏典藏古籍所呈现的特点，对宁夏古籍保护
现状进行了概述，最后提出了健全古籍管理与保护体系、加强古籍管理
与保护人员队伍建设、拓展古籍管理与保护方式等意见和建议。

15 西北地区图书馆古籍文献的保护、开发与利用——以宁夏图书馆
   为例 / 尹光华 // "新时代西北图书馆创新与发展研究"论文集 /
   甘肃省图书馆学会、甘肃省图书馆编.——兰州：甘肃人民出版
   社，2020.——126-130 页.

   摘要：宁夏图书馆是宁夏回族自治区是省级公共图书馆，是宁夏
全区文献收藏与借阅中心、公共信息资源共享中心和古籍保护中心，
现存藏古籍 3067 部 35224 册。这样的藏量在全区位居于首。探讨宁夏
图书馆典藏古籍的特点及其在传承文明、传播文化等方面的重要价值，
同时，对宁夏图书馆典藏古籍藏于用的实际状况进行考察，提出研究
结论和展望。以期进一步提升古籍工作的水平。

于建文

女，1949 年生，山东人，1976—2004 年在馆，副研究馆员。

论文

01　从传统式到标准化——《西文文献著录条例》学与用 / 于建文 //
　　图书馆理论与实践.——1986，no.4，47–51 页.

摘要：电子计算机在图书馆的应用为图书著录开辟了新的途径。
60 年代末，机读目录的产生，更要求著录的统一化与标准化。1967 年
《英美编目条例》（简称 AACR）的出版及 1971 年以来《国际标准书
目著录》（简称 ISBD）的各种规则的相继颁布，使国际文献著录标准
化有了长足的发展。特别是 1978 年底出版的《英美编目条例》第二版
（简称 AACR2）在国际上影响很大，从 1981 年起已被英、美、澳大利
亚、加拿大等国家的图书馆所采用，成为一部具有一定国际意义的编
目工作条例。为适应科学技术发展的需要，达到国际书目资源共享，
著录标准化已成为必由之路。

02　市场经济给图书馆界带来的思考 / 于建文 // 图书馆理论与实践.
　　——1993，no.4，26–28 页.

摘要：党的十四大进一步明确了我国建立社会主义市场经济体制
的总体目标，使我国的改革大业又进入了一个新的历史阶段，面对机

遇与挑战，不能不引起我们对图书馆事业的种种思考。思考之一：转变观念，充分认识图书馆的产业属性在计划经济体制的观念下，图书馆属纯公益性文化设施，是纯事业单位，由国家拨款，强调社会效益，忽视经济效益。

禹　梅

女，1981 年生，甘肃平凉人，2011 年入馆至今，副研究馆员。

论文

01　基于 DC 元数据的宁夏非物质文化遗产数字资源描述研究 / 禹梅
　　// 图书馆理论与实践. ——2019，no.12，109-112 页.

摘要：依据目前在国内外运用比较广泛和有影响的适用于建设非物质文化遗产数字资源的描述标准，结合宁夏回族自治区非物质文化遗产（以下简称宁夏非遗）的特点与形态，并根据相关资源描述标准进一步探讨和研究基于 DC 元数据的宁夏非遗的数字资源描述标准。希望为民族地区非物质文化遗产的保护与传承、在数字化信息技术中的应用与发展提供一些思路和方法。

袁　昕

女，1988 年生，陕西西安人，2009 年入馆至今，助理馆员。

论文

01　浅谈大数据信息化环境下图书馆服务工作 / 袁昕 // 办公室业务.
　　——2017，no.17，162-163 页.

摘要：随着数据生产要素化，数据科学不断地被认知，数据科技不断发展，数据价值不断地被深度挖掘及应用，人们逐步由"IT 时代"走向"DT 时代"，用数据说话也变得越来越重要和普遍，而大数据信息化网络环境给图书馆信息化管理和数字化服务模式带来了深刻的影响。文章分析了目前大数据网络环境下公共图书馆服务出现的背景、服务对象的变化以及显现的一些问题，剖析了大数据网络环境下图书馆服务呈现的特征，进而提出具有实践性的建议，以为我国公共图书馆的建设与发展提供一些探索和思路。

02　"公益性"图书馆收费问题的理性思考 / 袁昕 // 办公室业务.——
　　2017，no.23，156+158 页.

摘要：图书馆的收费与免费的问题，一直是图书馆界的一大争议。随着经济水平的不断提高，部分图书馆的"利益化"将公益性图书馆的收费问题再一次推向新的高度。本文对公益性质与收费制度进行了深度剖析，认为公益性形象需要重塑，图书馆的彻底免费开放仍需要我国诚信体制的建立与图书馆制度的进一步完善。

占红霞

女，1980 年生，湖北大冶人，2001 年入馆至今，馆员。

著作

01 图书馆管理与阅读服务／占红霞著.——新加坡：新加坡维智出版

社，2020.——205 页，978-981-14-6201-6（45.00）.

著：占红霞

内容提要：在新的信息环境下，民族地区图书馆已成为文化知识
储存和传播的中心，发展民族地区图书馆必须不断适应社会、经济、
文化的发展需求，利用信息时代的变革力量对过去传统图书馆的管理
思想、管理体制、管理原则、管理理念等进行调整、创新，大力建设
反映民族区域文化的特色文献事业，不断创新服务手段、拓展服务空
间、提高服务质量，更好地为民族地区的经济建设、社会稳定和文化
繁荣服务。

论文

01 宁夏图书馆办公自动化的实现及其应注意的问题／占红霞／／图书

馆理论与实践.——2011，no.9，96-97 页.

摘要：论述了宁夏图书馆办公自动化系统的硬件组成及使用情况，
提出图书馆实现办公自动化应注意的几个问题。

02 深化图书馆内部管理体制改革——基于宁夏图书馆内部管理机制改革创新的思考 / 占红霞 // 西部图书馆服务创新与发展——"中国西部民族地区图书馆信息协作网、川陕甘滇黔渝图书情报协作网第十二届年会"论文集 / 索新全主编. ——北京：红旗出版社，2012. ——8-14 页.

内容提要：文章结合宁夏图书馆内部管理体制改革工作的实际情况，介绍了其改革的思路及实施方案，并对其成功的做法进行了分析，力求寻找适合图书馆运行机制的管理模式。

03 深化图书馆内部管理体制改革——宁夏图书馆内部管理机制改革创新的思考 / 占红霞 // 价值工程. ——2013，no.32，328-329 页.

摘要：文章结合宁夏图书馆内部管理体制改革工作的实际情况，介绍了其改革的思路及实施方案，并对其成功的做法进行了分析，力求寻找适合图书馆运行机制的管理模式。

04 公共图书馆政府信息公开服务研究 / 占红霞 // 办公室业务. ——2015，no.19，115-116 页.

摘要：在当今的互联网信息时代，公共图书馆作为社会公众获取各种信息资源的社会公益性服务机构，在政府信息公开化服务工作中被赋予了其他服务机构难以取代的重要地位。公共图书馆在开展政府信息公开服务工作中，如何更好地发挥图书馆信息服务的职能和作用，已成为公共图书馆在理论研究和服务实践中需要不断探索和实践的目标。

05 大学生阅读现状与图书馆阅读推广研究 / 占红霞 // 教育. ——2015，no.45，226-227 页.

摘要：文章从大学生的阅读状况及特点、图书馆开展大学生阅读推广的优势、以图书馆为主导的大学生阅读推广模式等方面，对大学生的阅读现状进行了调查，对图书馆在大学生中的阅读推广进行了分析研究。

06 公共图书馆开展有声阅读推广之探讨——以宁夏图书馆为例 / 占红霞，尚硕彤 // "中国图书馆学会年会"论文集（2019 年卷）/ 中国图书馆学会编. ——北京：国家图书馆出版社，2019. ——321–326 页.

摘要：随着全媒体时代的来临，移动电台、移动听书平台迅速崛起，有声阅读复兴，读者阅读需求以及资源获取方式均发生了不同程度的变化，公共图书馆应抓住该契机继续推进全民阅读，加强公共图书馆有声阅读资源与服务能力建设，推动公共图书馆的可持续发展。

张 蓓

女，1961 年生，北京人，1985 年入馆至今，研究馆员。

论文

01 强化图书馆员继续教育 为西部大开发服务 / 张蓓 // 图书馆理论与实践：中国西部图书馆事业发展战略东西部合作论坛会议专辑.——2000，90-92 页.

摘要：西部大开发是我国国民经济发展的重要战略部署，在实施西部大开发战略的过程中，图书馆以及图书馆员在其中扮演了不可或缺的角色。本文基于网络时代图书馆呈现的新特征，讨论我国图书馆员继续教育的现状，并提出网络时代图书馆员继续教育的培养目标、对象和内容。

02 新编宁夏志书简述及思考 / 张蓓 // 图书馆理论与实践.——2002，no.4，68-69 页.

摘要：新编宁夏志书在经济建设中发挥着重要的作用，笔者对新编志书作了简述并就体例类目中的一些具体问题提出自己的观点。

03 宁夏回族自治区新编方志简目（1986—2002）/ 张蓓 // 图书馆理论与实践.——2003，no.1，73-75 页.

摘要：对 1986 年至 2002 年间宁夏新编方志和宁夏新编专业志进行了罗列。

04 图书馆形象与图书馆公关 / 周天旻，张蓓 // 图书馆理论与实践.
——2003，no.4，34-35 页.
参见 周天旻论文 03

05 Web2.0 时代图书馆服务的新理念、新思考——由阮冈纳赞的图书
馆学五定律说起 / 周天旻，张蓓 // 图书馆理论与实践. ——2009，
no.12，7-9 页.
摘要：由阮冈纳赞的图书馆学五定律开篇，介绍了戈曼的图书馆学新五律、Talis 白皮书提出的图书馆 2.0 四项原则、Web2.0 时代新图书馆学五定律等表达的关于服务的思想，阐释了在图书馆服务本质不变的前提下，图书馆怎样适应 Web2.0 时代 Lib2.0图书馆服务新变化，重点论述了 Web2.0 带来的图书馆理念和服务的深化以及怎样用 Lib2.0 的新视角重新审视、评估和改进传统服务。

06 政府采购模式下馆藏资源建设的组织与管理浅论 / 张蓓 // 图书馆
理论与实践. ——2011，no.12，17-19 页.
摘要：购书经费的增加，图书馆能更多地购入资源。利用政府招标的有利因素，规避不利之处，制定新采购模式下的采购策略，最大效用地进行馆藏资源建设，是图书馆资源建设应重视的课题。

07 关于西部地区公共图书馆免费服务及可持续发展的思考 / 张蓓 //
价值工程. ——2011，no.35，282-283 页.
摘要：公共图书馆免费开放是国家公益服务方面的重要举措，是一项利国利民的"善政"，但如何长期、有效地推行这项政策是公共图书馆面临的重要课题。本文通过分析西部地区公共图书馆存在的一些

问题，结合实际工作，从制度建设等方面，探讨了建立保障公共图书馆免费开放的长效机制及服务于区域经济发展的有效途径。

08 试论网络环境下图书分类人员的综合素质及提高途径 / 张蓓 // 价值工程. ——2011, no.36, 110–111 页.

摘要：现代科学技术的飞速发展，电子计算机及互联网的普及应用，使得图书分类工作方式产生了深刻的变革，同时对图书分类人员的综合素质也提出了新的要求。本文阐述了网络环境下图书分类人员应具备的综合素质，探讨了提高图书分类人员素质的途径，以期使图书分类人员能够适应、面对网络环境下图书分类工作新的挑战。

09 网络舆情与图书馆信息资讯服务 / 张蓓 // 图书馆理论与实践. ——2012, no.10, 43–45 页.

摘要：图书馆作为信息资讯服务的主要机构，受信息爆炸的冲击不言而喻。而在海量信息中，舆情信息特别是网络舆情信息，则对图书馆资讯服务产生重要影响。本文主要通过对网络舆情的分析来揭示时代赋予图书馆资讯服务新的使命。

10 论网络环境下图书馆生长空间的拓展 / 张蓓 // 价值工程. ——2012, no.11, 157–158 页.

摘要：网络时代的到来，为图书馆这一特殊功能的发挥既带来了无限的机遇，也带来了严峻的挑战。面对挑战，图书馆须从自身生存危机的战略高度出发最大限度地利用机遇、克服困难，不断拓展生长空间，使图书馆事业永远充满生机。

11 区域文化对区域发展的影响 / 张蓓 / 价值工程. ——2012, no.18, 323–324 页.

摘要：区域文化的建设与发展对于一个区域的物质文明、精神文明、政治文明的全面进步具有深层次的动力支撑作用。建设和发展区域文化，应把区域文化创新和发展作为区域文化建设和发展的重点内容，将区域文化建设和发展有机融入文化产业发展进程中。义章在分析区域文化内涵的基础上，着重探讨了区域文化对区域发展的影响。

12　西部地区公共图书馆免费服务与可持续发展的思考 / 张蓓 // 西北地区图书馆事业的创新与发展 / 陕西省图书馆、陕西省图书馆学会. ——西安：三秦出版社，2012. ——61-66 页.

摘要：根据国家文化部、财政部发布的《关于推进全国美术馆、公共图书馆、文化馆（站）免费开放工作的意见》精神，2011 年底之前全国所有美术馆、公共图书馆、文化馆（站）实现无障碍、零门槛进入，所提供的基本服务项目全部免费。国家文化部蔡武部长在最近的一次重要讲话中进一步明确指出：此次"三馆一站"实施免费开放是继 2008 年博物馆、纪念馆实施免费开发后，"我国公共文化服务体系建设的又一重大举措。这充分体现了党中央、国务院对文化民生的高度重视，是一项顺乎民心、合乎民意的文化惠民工程"。西部大开发加快了地区经济、科技、文化的发展，相应地对图书文献信息服务工作也提出了更广、更深、更高的要求，使得西部公共图书馆面临一些新的问题。

张海燕

女，1969 年生，河北邯郸人，2008年入馆至今，副研究馆员。

论文

01 互联网时代公共图书馆开展多元化信息服务实证分析——以宁夏回族自治区图书馆为例 / 张海燕 // 图书馆理论与实践. ——2018，no.12，81-84+95 页.

摘要：文章以宁夏回族自治区图书馆为例，就其在开展多元化信息服务中进行的馆舍硬件改造升级、音乐视听空间的创立、慢时光书吧及西部美术馆的引进创立等具体实践进行了实证分析。在此基础上，从提高馆员素质，创新服务理念及服务方式，多渠道、多方式缓解经费紧张局面，开展多元化信息资源建设及服务，建立多种方式的读者反馈通道体系等方面给出了公共图书馆开展多元化信息服务的具体策略。

张京生

男，1953 年生，河北人，1987—2013 年在馆，研究馆员。

著作

01 宁夏地方文献联合目录 / 宁夏图书馆协作委员会编. ——银川：宁
夏人民出版社，1992.——903 页，7-227-00784-7（35.00）.
编委：张京生
参见 高树榆著作 04

02 中国图书馆年鉴 2009/ 中国图书馆学会，国家图书馆编. ——北
京：国家图书馆出版社，2009.——808 页，978-7-5013-4227-3
（290.00）.
参编：张京生（宁夏回族自治区） 444-447 页
参见 丁力著作 03

03 中国图书馆年鉴 2010/ 中国图书馆学会，国家图书馆编. ——北
京：国家图书馆出版社，2010.——756 页，978-7-5013-4462-9
（320.00）.
参编：张京生（宁夏回族自治区） 282-284 页
参见 丁力著作 04

04 中国图书馆年鉴 2011/ 中国图书馆学会，国家图书馆编. ——北京：国家图书馆出版社，2011. ——830 页，978-7-5013-4701-8（320.00）.

参编：张京生（宁夏回族自治区） 276-277 页

参见 丁力著作 05

论文

01 宁夏图书馆学会参与主持宁夏第三次市县图书馆评估定级工作 / 王岗，张京生 // 图书馆理论与实践：《图书馆理论与实践》创刊 25 周年纪念文集. ——2004，34-36 页.

参见 王岗论文 07

02 张维先生与西北地方文献 / 张京生 // 图书馆理论与实践. ——2009，no.1，97-99 页.

摘要：作者在宁夏回族自治区图书馆开展古籍整理工作时，偶然发现一件甘肃省著名史学家、方志学家、目录学家张维（鸿汀）先生的传记稿，这件传记稿主要记录了张维先生的简历及其所撰著作。本文针对这件传记稿中的记述，对张维先生的生平及其著作进行了研究、考订，并阐述了张维先生对西北地方文献的征集、保存、整理所做出的卓越贡献。

03 略论宁夏地区古籍普查与古籍保护工作的开展 / 张京生，尹光华 // 图书馆理论与实践. ——2009，no.10，86-89 页.

摘要：中华民族有着五千年的文明发展史，在这漫长的历史长河中，我国各族人民用自己的勤劳智慧创造着中华文明，并将文明的结晶遗存在卷帙浩繁的古代历史文献、典籍之中。加强对古籍的保护，对于中华文明的传承和保证国家的可持续发展，具有重要而深远的战略意义。作者针对宁夏地区的实际情况，对于如何贯彻落实国务院文件精神，认真做好宁夏地区的古籍普查与古籍保护工作，进行了一些有益的探讨。

04 《全国图书馆学情报学精选文摘》编制工作的实践与思考 / 张京生
   // 现代情报.——2009，no.12，206-208 页.

   摘要：宁夏图书馆《图书馆理论与实践》杂志编辑部于 2005 年第 4 期刊物上推出了《全国图书馆学情报学精选文摘》栏目，为科研人员了解图书馆学、情报学学术动态，开展学术研究及学术交流，起到了积极的推动作用。笔者作为该文摘栏目的主要策划和编辑者之一，对几年来的编制工作进行了总结与梳理，并对其存在的问题进行了剖析和思考。

05 宁夏图书馆藏曹靖陶、许承尧题记《撷古遗文》考识 / 张京生 //
   图书馆理论与实践.——2012，no.5，45-48 页.

   摘要：宁夏图书馆在开展古籍普查工作时整理出一部古籍——《撷古遗文》，其书中有文化名人曹靖陶、许承尧所写的两则题记。笔者据此两则题记，对曹靖陶、许承尧的生平及史书的流传情况、收藏价值进行了分析、考证。

张 娟

女，1963 年生，河北深州人，2006 年入馆至今，副研究馆员。

论文

01 应加速公共图书馆网络化发展的建设——图书馆信息化服务创新探讨 / 张娟 // 科技创业家. ——2013，no.7，250 页.

摘要：现代公共图书馆向着高效、快捷的网络服务方向发展，已成大势所趋，借助计算机、网络、通信、多媒体等技术，公共图书馆提供网上数据检索、数据库信息服务、网上参考咨询等服务，用户可以足不出户就完成文献信息的查询、借阅。在这样的大环境下，需要我们加强公共图书馆在实体和虚拟馆藏上相互融合的建设，另外要确立公共图书馆建设的网络化策略。

02 多元合作与少年儿童阅读推广 / 张娟 // 宁夏大学学报：人文社会科学版. ——2013，vol.35，no.6，198-200 页.

摘要：阅读是少年儿童进行一切学习的核心和基础，是少年儿童成才最直接、有效的方式，世界各国在少年儿童阅读推广方面不遗余力地作出了很多努力。西方发达国家如美国、德国等更是联合社会组织、团体，发挥各种社会力量，最大限度地推进少儿阅读工作。我国在图书馆建设中融入了多媒体建设、数字服务等多项内容，这为少儿阅读推广提供了良好的发展环境。然而，目前我国的少年儿童推广工作还存在着各种问题，比如缺乏系统统筹、少儿阅读推广活动内容与形式单一，以及缺乏局部研究与推广的相关课题等。基于此，研究认为只有结合政府、社会、专家等的力量，发挥系统中各成员的作用，才能共同推动少年儿童阅读这项工作。

03　浅谈我国图书馆的社会教育职能／张娟／／华章.——2013，no. 318，323 页.

摘要：随着人类文明程度的不断提高，人们对知识的渴望与需求越来越多，这对于人们获取知识的途径及场所提出了更多的要求，而图书馆凭借其公平性、开放性，正积极发挥着其社会教育的职能。

04　浅谈数字化图书馆资源共享中的特色资源建设——以宁夏图书馆为例／张娟／／价值工程.——2013，vol.32，no.31，224-225 页.

摘要：在数字化图书馆资源共享工作的推进中，特色资源建设尤为重要，本文以宁夏图书馆为例，阐述如何建设图书馆的数字化特色资源。

张 丽

女，1960 年生，北京人，1985—2015 年在馆，馆员。

论文

01 公共图书馆开展青少年服务活动探析——以宁夏图书馆为例 / 张丽 // 图书馆理论与实践. ——2012，no.9，64-66 页.

摘要：在对未成年人的教育中，图书馆发挥着十分重要的作用，而少儿图书馆不仅是青少年儿童掌握学习方法、学习科学知识、进行寓教于乐和提高综合能力的重要场所，也是社会文化教育的机构之一，它担负着青少年校外素质教育的职能。本文简略介绍了宁夏图书馆青少年部开展读者服务活动的概况，着重就延伸少儿服务的必要性以及如何做好少儿延伸服务工作进行了探析。

张 莉

女，1976 年生，甘肃华池人，1995 年 10 月入馆至今，副研究馆员。

著作

01 "大数据环境下图书馆发展的机遇与挑战"论文集 / 宁夏回族自治区图书馆，宁夏图书馆学会编. ——银川：阳光出版社，2018. ——330 页，978-7-5525-4455-8（88.00）.

副主编：张莉

参见 韩彬著作 04

02 中国图书馆年鉴 2017/ 中国图书馆学会，国家图书馆编. ——北京：国家图书馆出版社，2018. ——628 页，978-7-5013-6409-1（380.00）.

参编：张莉（宁夏回族自治区）

参见 韩彬著作 06

03 中国图书馆年鉴 2018/ 中国图书馆学会，国家图书馆编. ——北京：国家图书馆出版社，2019. ——651 页，978-7-5013-6679-8（450.00）.

参编：张莉（宁夏回族自治区）331-333 页

参见 韩彬著作 07

04 民国时期宁夏文献集成 第三辑 / 李习文，刘天明主编. ——北京：国家图书馆出版社，2020. ——10 册，978-7-5013-7009-2（7000.00）.

参编：张莉（宁夏回族自治区）

参见 尹光华著作 09

05 中国图书馆年鉴 2019/ 中国图书馆学会，国家图书馆编. ——北京：国家图书馆出版社，2020. ——716 页，978-7-5013-6508-1（450.00）.

参编：张莉（宁夏回族自治区）391-393 页

参见 韩彬著作 08

06 中国图书馆年鉴 2020/ 中国图书馆学会，国家图书馆编. ——北京：国家图书馆出版社，2021. ——641 页，978-7-5013-7302-4（450.00）.

参编：张莉（宁夏回族自治区）341-342 页

参见 韩彬著作 09

论文

01 网络环境下图书馆信息资源的开发利用 / 张莉 // 图书馆理论与实践. ——2005，no.2，24-25 页.

摘要：加强特色信息资源的建设与开发、加强规范化和标准化建设、加强知识产权保护、树立大资源共享观、开展对用户的培训等是网络环境下图书馆文献信息资源开发利用中不可忽视的几个问题。

02　图书馆在操作系统中实现数字信息长期保存的技术探讨 / 张莉 //
图书馆理论与实践. ——2010，no.12，69–72 页.

摘要：探讨图书馆通过在操作系统中改进一些附加功能，以减少
目前任何大规模自动保存过程中的主要障碍。

03　信息环境下图书馆藏书建设工作的几点思考 / 张莉 // 中小企业管
理与科技. ——2010，no.12，67–68 页.

摘要：本文针对传统图书馆在藏书建设工作中所涉及的馆藏资源
结构、组织管理模式和获取手段、图书馆信息服务方式、资源购置经
费等方面在新的信息环境下所产生的变化和发展趋势，提出现代化图
书馆在藏书建设工作中应注意的一些问题及采取的发展策略，从而尽
快地适应新信息环境的要求。

04　省级公共图书馆为实施"科技攻关计划"服务之管见 / 张莉 // 价
值工程. ——2010，no.16，243–244 页.

摘要："科技攻关计划"对一个地区的经济社会发展作用重大。
本文从三个方面论述了作为省级公共图书馆，如何为地方"科技攻关
计划"的实施提供文献信息服务。

05　浅谈"一卡通"在图书馆管理中的应用 / 张莉 // 价值工程. ——
2011，no.13，306–306 页.

摘要：文章阐述了"一卡通"的概念，并提出了它的应用策略以
及在图书馆中的运用，说明了其对图书馆管理的重要意义。

06　试谈新时期公共图书馆深化读者服务工作的切入点 / 张莉 // 图书
馆理论与实践. ——2012，no.1，88–90 页.

摘要：通过对公共图书馆深化读者服务工作的重要性与迫切性以
及现代图书馆读者服务工作发展趋向的分析，提出转变与拓展是深化

图书馆读者服务工作的两大切入点，并据此观点进行了论述和探讨。

07 公共图书馆新服务开发过程中的读者参与研究 / 张莉 // 图书馆理论与实践.——2017，no.6，82–86页.

摘要：读者参与公共图书馆新服务开发可以提高新服务开发的针对性、有效性和创造力。文章从读者参与公共图书馆新服务开发的相关概念出发，阐述了读者参与公共图书馆新服务开发的三种模式：读者概念源参与模式、读者全程参与的合作模式和读者全程参与的独立模式。同时，从搭建适合读者参与的组织环境、建立健全读者参与的规章制度和激励机制等方面提出了使读者更有效地参与新服务开发的具体路径和策略。

08 社交媒体视角下高校图书馆员及其服务的转型 / 张莉 // 中国管理信息化.——2017，no.19，162–164页.

摘要：新媒体时代，网络已成为人们生活不可或缺的一部分。各类社交媒体对图书馆的服务方式、服务途径、服务内容产生了深远的影响，也对图书馆员的未来发展提出了挑战。本文正是在这样的背景下，从社交媒体视角探讨了高校图书馆及其馆员该如何应对这种服务的转型，同时针对社交媒体对高校图书馆及其馆员的发展提出了什么样的要求也进行了深度的分析研究。

09 浅析公共图书馆全民阅读的推广策略 / 张莉 // 才智.——2018，no.32，213–214页.

摘要：文章通过阐述公共图书馆全民阅读推广的意义，分析了公共图书馆全民阅读推广中存在的主要问题，对公共图书馆全民阅读的推广提出"提升推广人员的专业素质""构建全民阅读组织机构，完善全民阅读推广长效机制""依托重点活动，打造全民阅读活动品牌""推进全民阅读的大众化发展"等策略，旨在为促进公共图书馆全民阅读推广的有序健康发展研究提供一些思路。

10　基于微信小程序的高校 O2O 图书共享平台开发与应用 / 尹明章，

张莉，周天旻，孙金香，钟代麟 // 图书馆理论与实践. ——2019，

no.3，94-97 页.

摘要：回顾了微信小程序在图书馆的应用以及国内高校现有图书
共享模式的现状。基于微信小程序轻应用、社交化及开发成本低等优
势，阐述了利用微信小程序开发高校 O2O 图书共享平台的可行性。并
通过海南医学院的应用实践，展现了该平台在改善用户体验、节约用
户成本、提高参与积极性等方面的优势。

张陇妹

女，1946 年生，河北雄县人，1984—2000 年在馆，副研究馆员。

论文

01 大中型图书馆应加强科普性通俗性期刊的订购与管理 / 张陇妹 //
图书馆理论与实践. ——1992，no.4，57+38 页.

摘要：当前，由于众所周知的原因，图书馆几乎无不面临文献购置经费短缺的压力。基层小型馆自不必说，就是大、中型馆的情形也足堪忧虑。迫于文献购置费严重不足的压力，大中型图书馆普遍采取了"压缩与调整并重"的对策。

张明乾

男，1984 年生，宁夏同心人，2008 年入馆至今，副研究馆员。

著作

01 宁夏回族自治区珍贵古籍名录图录 / 韩彬，吕毅主编. ——北
京：国家图书馆出版社，2015. ——237 页，978-7-5013-5586-0
（260.00）.
书影拍摄：张明乾
参见 韩彬著作 01

02 宁夏图书馆馆藏精品集萃 / 韩彬主编. ——宁夏：黄河出版传媒集
团阳光出版社，2016. ——295 页，978-7-5525-2527-4（288.00）.
书影拍摄：张明乾
参见 韩彬著作 02

论文

01 宁夏公共电子阅览室建设运行中存在的问题及管理对策 / 张明乾
// 价值工程. ——2014，no.33，215-217 页.
摘要："十二五"期间，文化部、财政部决定在全国实施"公共
电子阅览室建设计划"，要求每年要新建大批乡镇、街道、社区公共电

子阅览室。针对越来越多建成的公共电子阅览室，建设运行中存在哪些问题、怎样科学管理、如何发挥优势更好服务百姓等问题，结合本人的实际工作情况进行分析研究，并提出相应解决问题的建议和对策。

02　宁夏图书馆数字文献共享平台建设 / 张明乾 // 价值工程. ——
　　2014，no.34，207-208 页.
　　摘要：数字化、网络化技术的发展使得纸质宁夏地方特色馆藏文献可以转化为数字化信息，并且可以将数字化信息通过数字文献共享平台发布，有力地提高了本地特色文献精品化和服务优质化，并对地方文化的传播发展将起到积极的推动作用。

03　宁夏县级公共图书馆现状调研与分析 / 郭生山，张明乾，蒲涛 //
　　图书馆理论与实践. ——2017，no.12，88-93 页.
　　参见 郭生山论文 05

04　图书馆空间再造与功能重组转型的实践与思考——以宁夏回族自
　　治区图书馆为例 / 张明乾 // 图书馆理论与实践. ——2018，no.10，
　　88-91 页.
　　摘要：随着信息技术的日新月异以及社会的飞速发展，人们的生活、学习、工作方式也在发生着巨大的变化，图书馆的社会职能也越来越受到重视。为了将优质的空间环境和服务提供给读者，宁夏回族自治区图书馆实施了综合服务能力提升项目，设置了新的服务空间并进行业务拓展，运行一年多来，取得了良好的社会效益。文章通过分析宁夏回族自治区图书馆在空间再造和功能重组转型中的具体做法，提出了公共图书馆在空间再造和功能定位中的几点启示。

05　宁夏地区乡镇、村图书馆服务发展路径研究——原州区乡镇、村
　　图书馆服务现状调查 / 王岗，张明乾，李刚 // 图书馆理论与实践.

——2019，no.9，1-6 页.

参见 王岗论文 30

06　地方特色数字资源建设的实践与思考——以宁夏回族自治区图书馆
　　为例 / 张明乾 // 图书馆理论与实践. ——2020，no.5，57-60+79 页.

摘要：资源建设是全国文化信息资源共享工程建设的核心。文章
以文化共享工程地方特色资源建设以及宣传推广为例，介绍了宁夏回
族自治区图书馆十多年来地方特色数字资源建设实践，梳理总结了地
方特色数字资源建设中遇到的问题，并提出合理化建议，旨在为地方
特色数字资源建设的发展提供借鉴与思路。

07　公共图书馆开展文化精准扶贫的实践与思考——以宁夏回族自
　　治区图书馆为例 / 张明乾 // 内蒙古科技与经济. ——2020，no.23，
　　127-128+132 页.

摘要：介绍了宁夏回族自治区图书馆在贫困地区开展文化精准扶
贫资源建设、扶贫活动扶贫培训等工作，精准帮扶本地区贫困群众好
的做法，分析了其中存在的一些问题，对应地提出了一些对策建议，
旨在为后期开展文化精准扶贫工作提供借鉴与新的发展思路。

08　聚力精准扶贫 助推脱贫攻坚——宁夏回族自治区图书馆文化扶贫
　　工作纪实 / 张明乾，李刚，李亚楠 // 脱贫攻坚与图书馆作为——
　　全国图书馆扶贫案例集 /《图书馆杂志社》编. ——北京：国家图
　　书馆出版社，2020. ——325-337 页.

摘要：作为公共文化阵地，宁夏回族自治区图书馆积极申报精准
扶贫资源建设，向基层贫困地区下发设备、资源，开展服务推广活动，
努力提供贫困地区人民群众精神文化生活，切实有效地为贫困地区群
众提供互联网服务，做到真正扶贫扶志。

张任跃

男，1960 年生，陕西大荔人，1986 年至 2020 年在馆，研究馆员。

论文

01 Windows 瘦客户机在图书馆系统安全及网络构建中的应用 / 张任跃 // 图书馆理论与实践. ——2008，no.6，75–76 页.

摘要：阐述了 Windows 瘦客户机的概念及其应用与特点，分析了在图书馆网络系统构建中瘦客户机的具体应用。

02 试论公共图书馆数字资源整合——引入第三方数字资源联合体的构想 / 张任跃 // 图书馆理论与实践. ——2009，no.12，75–76 页.

摘要：通过对公共图书馆数字资源的调查，提出了第三方数字资源联合体的构想，建设区域中心数字图书馆，从而实现区域数字资源共享。

03 少儿电子阅览室可持续发展模式的研究 / 张任跃 // 图书馆理论与实践. ——2012，no.1，91–93 页.

摘要：少儿电子阅览室是在普通电子阅览室的基础上细化出来的子部门，其服务人群均为未成年人，和传统的电子阅览室相比，其管理模式、服务内容都应该有所区别。本文探讨了少儿电子阅览室新的服务及管理模式。

04 小微型图书馆发展探析 / 张任跃 // 图书馆理论与实践. ——2012，
   no.9，14–17 页.

   摘要：建设全民读书型社会，促进全国文化大繁荣、大发展要从
   社会的最底层抓起，只有以普通社区、居民居住点、农村为基本单元
   建立小微型图书馆，才能真正形成到处都有图书馆、人人都有图书读
   的读书型社会新局面。本文旨在对小微型图书馆的发展方向做全面的
   探讨。

05 图书馆内容型和服务型网站建设的研究 / 倪漪，张任跃 // 价值工
   程. ——2012，no.14，167–168 页.

   参见 倪漪论文 01

06 新媒体时期下以网站为阅读平台的少儿图书馆服务创新 / 张任跃
   // 价值工程. ——2012，no.35，198–200 页.

   摘要：新媒体时期的电子资源逐步成为主流的媒体资源，电子阅
   读也逐步成为读者主流的阅读方式。和传统的少年儿童图书馆相比，
   新媒体时期的少年儿童图书馆，其管理模式及服务内容都有很大的不
   同。本文即是对新媒体时期以网站为阅读平台的少儿图书馆服务创新
   的研究。

07 兴办村镇图书馆的必要性及应遵循的原则 / 张任跃，孙戈 // 河南
   图书馆学刊. ——2013，no.5，5–6+18 页.

   摘要：建设全民读书型社会，促进全国文化大繁荣、大发展要从
   社会的最底层抓起，为了开创一个欣欣向荣的读书型社会新局面，有
   必要以村为基本单元兴建村镇图书室。文章旨在对兴建村镇图书馆的
   必要性及应该遵循的原则做进一步的探讨。

08 公共图书馆开展学科服务的团队建设 / 张任跃，吕毅 // 图书馆理论与实践. ——2014，no.6，26-27 页.

摘要：在信息获取变得相对简单和容易的数字时代，图书馆的职能也从信息的提供者逐渐向知识的提供者发生转变，在这场变革中，学科服务已率先浮出水面，其重要性将被重新认识和定位，而学科馆员团队建设将成为重要的一环。

09 数字阅读与桌面虚拟化技术 / 张任跃，蔡生福 // 图书馆理论与实践. ——2014，no.12，110-112 页.

摘要：通过桌面虚拟化技术构建一站式的读者数字阅读平台，打破数据库提供商对合法读者 IP 的限制，扫除了移动终端设备在数字阅读时的技术障碍，从而解决文献格式不兼容、给读者阅读造成诸多不便的问题。

张欣毅

男，1957—2012，河北武邑人，1981—2012年在馆，研究馆员。

著作

01 中文社会科学工具书实用图表 / 丁力，张欣毅编著. ——银川：宁夏人民出版社，1991. ——107页，7-227-00597-6（[价格不详]）.

　　编著：张欣毅

　　参见 丁力著作01

02 文献资源建设与图书馆藏书工作手册 / 吴晞主编. ——北京：书目文献出版社，1993. ——479页，7-5013-1155-2（18.90）.

　　副主编：张欣毅

　　内容提要：该手册是中国图书馆学会主持编写的《图书馆和情报机构工具书系列》之一种，以手册条目的形式，分为：理论术语篇、实践工作篇、采访工具篇、研究文献篇、文献资源篇、出版发行篇、附录等，收录了国内图书馆学、情报学著名专家学者近30人撰写的近千个对图书馆与情报机构文献资源建设具有指导性、参考性、检索性的专题条目。

03 现代文献论纲要 / 张欣毅著. ——北京：书目文献出版社，1994.

——232 页，7-5013-1145-5（[价格不详]）.

著：张欣毅

内容提要：本书是一部试图以现代的、科学的观点与方法来专门讨论有关广义的文献基本问题的学术性著作。本书共分 8 章，内容有文献综论、文献信息论、文献主题论、文献形式论、文献结构论、文献流论、文献过程论、文献经济论。书中对文献的研究与讨论是多重研究视角的"一体化"，即以现代的科学研究方法和认识水平对古今中外各种类型的广义文献作本体范畴意义上的综合研究，包括文献本体的研究、对文献这种特殊的物质及其运动做唯物辩证式的考察的基础上确定的理论与方法规范、文献的物质存在及其运动过程在本质上是其自然性与社会性既相互对立又辩证统一的完整图景。

04　当代中国丛书·当代中国的图书馆事业（分册）/ 杜克主编.——北京：当代中国出版社，1995.——845 页，7-80092-326-6（55.50）.

参编：张欣毅，第四篇的主撰稿人之一

内容提要：《当代中国丛书》是由邓立群等主编的反映中华人民共和国建设和发展的历史和经验的大型丛书，共约二百卷。该丛书按内容分为 5 大类：（1）综合性；（2）部门、行业性；（3）专题性；（4）地区性；（5）人物传记。《当代中国的图书馆事业》是《当代中国丛书》中的一个分册。由杜克主编，当代中国出版社 1995 年出版。该书主要叙述了 1949 年中华人民共和国成立至 1989年 40年间，中国图书馆事业的发展、成就以及经验和教训。

05　朔之方——宁夏历史文化随想录 / 张欣毅著.——银川：宁夏人民出版社，1998.——218 页，7-227-01867-9（9.80）.

著：张欣毅

内容提要：作者依托长期从事宁夏历史文献搜集、整理、研究开发工作形成的对宁夏历史与文化的认识，立足地方历史文献与地方历史文化双向整合与观照等视角，对宁夏不同历史时期的文化演变及其脉络与特点进行了梳理、探讨。该书既是一部学术著作，同时也是一部宁夏历史文化的散文集。该书于 1997 年被列入宁夏回族自治区成立 40 周年献礼图书出版计划并获出版补贴，部分篇章被中共宁夏回族自治区党委机关刊物《当代宁夏》《宁夏统一战线》和著名美文集《走宁夏》等转载。

06　中国西部地区信息服务业发展研究 / 梁春阳主编. ——银川：宁夏人民出版社，2002. ——[页数不详]，7-227-02441-5（28.00）.

　　副主编：张欣毅

　　内容提要：该书在对信息服务业在西部现代化进程中的地位与作用进行深入研究与讨论的基础上，对中国西部信息业发展战略与对策进行了全面阐述。全书共分为 15 章（含绪论），分别分析探讨了西部信息化发展现状与水平测评、西部信息资源丰裕度、西部信息服务业的发展战略、具体思路与取向、具体对策等，在整体上形成西部信息服务业发展战略的理论研究、相关比较分析、发展战略实证分析 3 大板块。本书是国家"十五"社会科学规划项目"中国西部信息服务业发展战略与对策"（99BT9005）的结题成果。

07　宁夏图书馆同人文集 / 丁力，张欣毅主编. ——银川：宁夏人民出版社，2008. ——273 页，978-7227-03837-5（32.00）.

　　主编：张欣毅

　　参见 丁力著作 02

08　新时期西北地区图书馆事业创新与发展——西北五省（区）图书馆第九次科学讨论会论文集 / 张欣毅主编. ——银川：宁夏人民教育出版社，2008. ——335 页，978-7-80764-059-2（38.00）.

　　主编：张欣毅

内容提要：本书收录的文章就图书馆理论与西部发展实践中的热点问题进行深入探讨，具体内容包括"中文电子期刊著录原则探讨""少年儿童阅读现状调查"等。

09 宁夏图书馆志 / 张欣毅主编. ——北京：国家图书馆出版社，2009.
——301 页，978-7-5013-4202-0（90.00）.
主编：张欣毅
内容提要：《宁夏图书馆志》专以记述宁夏回族自治区图书馆（简称宁夏图书馆）的历史与现状。本志编写坚持存真求实的原则，力求达到思想性、科学性和资料性的统一。本志断限上自 1958 年 9 月宁夏图书馆成立，下迄 2007 年底。

10 信息资源共建共享模式研究——基于宁夏区域发展战略的实证分析 / 张欣毅主编. ——银川：黄河出版传媒集团阳光出版社，2011.
——328 页，978-7-5525-0018-9（58.00）.
主编：张欣毅
内容提要：本课题研究以科学发展观、人文本体论哲学和"公共信息资源及其认知机制"学科新范式为基本的价值取向和指导思想，一方面以构建符合宁夏区情的、可持续发展的、城乡一体化的公共信息资源共建共享机制为目标，力图梳理、建构起宁夏区域内公共信息资源全方位整合和公共信息资源全民利用良性互动、互为依托的实践模式与发展模式；一方面通过区域化模式建构为"公共信息资源共建共享"（PIRCS）这一具有超文本价值的发展模式的理论研究与体系寻求实证性支持。

论文

01 高校图书馆的情报服务 / 菲利浦·道尔芬，张欣毅，韩飘扬 // 高校图书馆工作. ——1981，no.3，50-53 页.
摘要：诺丁汉大学图书馆馆长 R.S.史密斯在他 1962 年发表的一篇

论文中写道："我一贯提倡的用编制通报和文摘来传递情报，虽然它的适用范围在学院图书馆中并不大，也应视为真正的专业图书馆员的鲜明特征"。从那以后，在学院图书馆内设置专门的机构开展某种情报服务的做法便为人们所普遍采用。的确，即使是最原始的情报服务都可能极大地提高图书馆的服务功能。

02 提高目录质量和经济效果的有效措施——谈谈加强目录间的有机联系 / 张欣毅 // 湘图通讯.——1981，no.3，9–12 页.

摘要：图书馆是人类科学文明知识的宝库，收集有珍珠万斛的图书资料。就现代图书馆的藏书而论，不唯数量浩繁，汗牛充栋，而且涉类精细，五花八门。人类知识的浩如烟海与人们利用图书文献资料的日益多样化、专深化、综合化形成深刻的矛盾。而图书馆目录作为解决这一矛盾的主要手段，充当了联系双方的一种媒介。

03 关于图书馆管理中的流通问题 / 张欣毅，王汉桥 // 广东图书馆学刊.——1982，no.1，16–21+11 页.

摘要："流通"作为现代管理科学的一个概念术语，已经被广泛地应用于许多管理领域。笔者希图将它引进图书馆管理，并对它的地位、作用及其控制等问题加以初步的探讨，以期于图书馆管理实践和理论研究有所裨益。失当之处，还望识者雅正。

04 介绍几种改用新分类法的办法 / 张欣毅 // 宁夏图书馆通讯.——1982，no.2，18–19 页.

摘要：在分类法实现标准化的一定历史时期内，采用非国家标准的分类法的图书馆如何调整分类目录和排架，以便向统一的分类法系统靠拢，实现图书情报资源和标引成果共享，是一个有待实际探讨的尖锐课题。这里试就国内部分图书馆改用新分类法后目录与排架相应调整的几种方法加以浅析。

05 层次说——我们对图书馆学研究对象的认识 / 张欣毅，刘迅 // 图书馆学刊. ——1982，no.3，1–5 页.

摘要：图书馆学的研究对象历来颇受争议，文章抛开探讨图书馆学研究对象的习惯性思维程式，把研究图书馆学对象的诸种说法，放入图书馆学的科学认识过程中加以统一的综合考察，发现各种观点的着眼点和侧重点不同，但其研究的内容都是图书馆学认识过程中不可缺少的环节，且彼此间存在着一种内在的层次联系，从而提出本文研究的"层次说"，并对其进行详细论述，

06 图书馆管理中的反馈机制 / 韩飘扬，张欣毅，刘迅 // 图书情报工作. ——1982，no.3，34–35 页.

摘要：反馈原是电子学上的一个名词，意思表示在电路中把输出端能量一部分回授给输入端的过程。通过反馈后使输入信号强度增强的称为"正反馈"，减弱输入信号效应的称为"负反馈"。在反馈概念被引进控制系统后，又赋予了它新的内容。

07 藏书布局模式初探 / 张欣毅，沈继武 // 图书情报工作. ——1982，no.5，7–11 页.

摘要：大中型图书馆由于规模所致，馆藏图书文献不但数量繁多，而且种类庞杂。怎样在科学理论的指导下，从图书馆的整体出发，兼顾保管和利用的要求，对它们进行合理的布局（亦称划分），是藏书建设中尚需认真探讨的问题。考虑到各个图书馆具体的藏书布局通常要受到诸多现实因素的影响和制约，要想规定出一个适用于任何图书馆的藏书布局统一模式似乎不大可能。本文旨在系统思想的指导下，探讨可以为众多图书馆采用的基本方法和参考模式。我们考虑，是否可以把图书馆馆藏布局理解为各种书库划分指标的现实运用而形成的一个具有横向分布态和纵向层次态的整体系统。下面是对这个系统模式的展开讨论。

08　简介五位当代西方著名图书馆学、情报学家 / 张欣毅，刘迅 // 图书馆学研究. ——1983，no.1，48–51+145 页.

摘要：D·J·福斯克特是英国当代卓越的图书馆学、情报学家，生于 1918 年 6 月 27 日，1946 年在阿尔弗德公共图书馆开始职业生涯，1948 年离开该馆担任中部拳击协会图书馆的馆长直至 1957 年，接着供职于伦敦大学教育学院图书馆，1978 年被提升为伦敦大学图书馆服务中心的负责人。此种经历使他具备了公共、专门和专业图书馆的丰富经验。福斯克特一直是英国图书馆协会理事会成员之一，先后担任图书馆协会教育委员会主席、图协副理事长、名誉顾问、理事长。

09　分类法和分类目录、分类排架的关系 / 张欣毅 // 黑龙江图书馆. ——1983，no.1，19–22+29 页.

摘要：分类法的基本职能是用于组织分类目录和分类排架，三者息息相关，存在着一种内在的共通性，这似乎是广为人知的，但对于三者之间的矛盾性和可分离性却很少有人提及，这于分类法的发展以及分类目录检索效率的提高是不利的。笔者认为，不论对于它们的共通性还是矛盾性以及可分离性都有研究的必要，这里分五个部分来谈，期望能对这方面的学术研究和实际工作有所裨益。

10　理性的思考——图书馆学结构问题探索 / 张欣毅，刘迅 // 图书与情报. ——1983，no.3，13–17 页.

摘要：从我国图书馆学理论研究健康发展的战略眼光看，提出图书馆学学科结构的研究课题，不但将有助于图书馆学科学的革新、改造、优化，有益于图书馆学研究的整体规划和图书馆学教育的改革，就是对于图书馆工作现代化发展也不会是毫无意义的。

11　英国著名图书馆学家萨耶斯传略 / 张欣毅 // 广东图书馆学刊. ——1983，no.3，45–46+56 页.

摘要：本文略记英国著名图书馆学家萨耶斯的生平事迹及学术成就。

12　图书馆学与情报学研究 / 卡斯科·罗瑟，张欣毅 // 广东图书馆学刊. ——1984，no.2，25–27 页.

摘要：韦伯斯特的《新大学辞典》称图书馆学是"研究图书馆管理的理论与实践的科学"，图书馆员是"图书馆管理的专门人员"而情报学则是"关于人类知识之搜集、分类、存贮、检索和管理的一门理论与应用科学"。关于情报学的这个定义实质上也就是我们已知的图书馆的作用，因而上述几种说法在我们看来都是不尽恰当的，而把图书馆学和情报学结合在一起加以研究也许更好一些。波特在他 1933 年发表的《图书馆学引论》中曾经指出："图书馆学的基础是借助于结构式（可感知）记录而存在的人类知识的积累和传播过程"。

13　需要 动机 行为——读者心理学的一个基本命题 / 张欣毅 // 黑龙江图书馆. ——1984，no.2，14–16 页.

摘要：读者心理与读者行为是读者心理学研究中的一对相互关联、彼此对应的范畴概念，而读者心理与读者行为之间的关系又集中和突出地体现在读者需要、动机和读者行为之间的关系上。本文拟将"需要—动机—行为"作为读者心理学研究中的一个基本命题加以初步的探讨，以就正于识者。图书馆读者是社会集团和个人与图书馆发生关系时的特定称谓，所谓发生关系主要是指接受和利用图书馆的各种服务。因此，读者行为在一般的意义上都是具有目的性、自觉性的意识活动，体现着读者本身的需要，并受读者的动机所驱使。

14　试论省市公共图书馆的改革方向 / 张欣毅 // 图书与情报. ——1984，no.3，18–20 页.

摘要：随着信息时代的浪头冲击着全球，图书馆由于其社会地位、结构特点、工作性质等都与信息密切相关，必须在变革中求生存。考虑到各种类型图书馆自身的特点，不宜刻意追求某种统一模式，本文就省市公共图书馆的改革方向提出了"改革管理体制，实行多层次的责任制，克服机关化""开展有偿情报服务，逐步改变纯事业单位性质，走向社会化""研究和引进先进的图书情报技术，实现工作手段现代化"三点建议，愿与同行们共同探讨。

15   分面分析与分面分类法概说 / 张欣毅 // 图书馆界.——1985，no.4，
    36-39页.

摘要：印度著名图书馆学家阮冈纳赞创立的分面分析学说作为一种新的理论和方法导致了现代图书文献分类学上的一场革命，推动着新型分类法的创制和传统分类法的改造。分面分类法作为分面分析学说的实践承载体已为现代分类法的发展指明了根本方向，但为了说明分面分析之于分类法发展的革命性意义，有必要简单地归纳一下传统的等级列举式分类法的不足。

16   分面分析和检索语言 / 张欣毅 // 情报科学.——1985，no.6，8-15页.

摘要：考察本世纪50年代以来世界范围内检索语言的发展过程，不难看出分面分析的理论和技术作为各种检索语言共同基础的趋势已经愈来愈明显了。通过研究发现采用分面分析方法为基础，可以极大改进传统检索系统在标引和检索功能上的不足，但将分面分析应用于各种主题型检索系统还存在许多有待进一步探讨的地方。

17   浅谈读者工作学科的科学体系 / 张欣毅 // 图书馆理论与实践.
    ——1986，no.3，17-19+42页.

摘要：读者工作学科是关于图书馆读者工作的规律、原理、方法和技术的科学，作为一门新兴学科，其赖以建树的范畴起点可以概括为读者、读者服务、读者教育三大范畴。它们的逻辑展开和概念繁衍

将导致读者学、读者教育学、读者服务学的诞生，从而构筑起读者工作学科的科学体系。

18 大战略：关于图书馆的产业化取向与"一馆两业"的构想 / 张欣毅 // 图书与情报. ——1988, no.3, 1-5 页.

摘要：顺应我国社会主义改革的大趋势，图书馆只有走产业化的道路，并以产业化取向来指导改革，才能打破传统的、僵化的模式，走出低谷，以崭新的姿态参与社会经济活动和社会生活，迎接信息时代的"选优淘劣"，真正担负起时代赋予的重任。

19 文化信息及其文献化——试论确立文献信息概念的基本前提 / 张欣毅 // 图书馆理论与实践. ——1988, no.3, 37-42 页.

摘要："文献信息"作为一个全新的范畴概念已被推上了当今文献工作领域这个大坐标系的科学革命的舞台。毋庸讳言，确立"文献信息"概念的目的，就在于以其为基础，建构文献工作领域的统一的理论场———一种元科学——文献信息学。然而，批判的武器不能代替武器的批判，"文献信息"作为文献信息学的核心范畴，它的确立是否具有科学的、积极的认识意义。

20 "全国文献资源调查"述评 / 张欣毅 // 图书馆理论与实践. ——1989, no.1, 30-33 页.

摘要：全国文献资源调查是一项有胆识、有远见且意义深远的工程，调查方案构思恢宏、独具特色、适合国情，是图书情报界的共同事业。对于各地区、各系统来说，本次调查也是促进自身文献资源建设的极好机会。

21 80 年代我国图书馆读者调研活动述评 / 张欣毅 // 晋图学刊. ——1990, no.3, 61-64 页.

摘要：对读者状况进行调查研究是图书馆读者服务工作的重要组成部分。为了有效地开发利用图书馆馆藏书刊文献资源，提高服务工作的水平、质量和效率，必须对读者文献与情报需求等情况有所研究、有所掌握，以获得一些规律性的认识，这一要求不断推动着读者调研活动的开展。早在 60 年代初期，许多图书馆就已开始重视并开展了一定范围内的读者调研活动。

22 建国四十年来图书馆服务方式的发展综述 / 张欣毅 // 图书馆理论与实践. ——1990，no.3，41-49 页.

摘要：新中国成立 40 年来，随着社会主义革命和社会主义建设对文献资源开发与利用需要的日益增长，图书馆工作重心逐渐由业务基础性建设转移到读者服务方面，形成了以读者服务为中心的图书馆工作体制新格局。经过 40 年来图书馆工作者们的艰苦努力，伴随着图书馆各项社会职能的开拓与发挥，读者服务方式也日益向深度和广度拓展，已逐步形成了多样化态势，初步奠定了读者服务走向现代化的基础。

23 全国文献资源调研分报告之七 我国公共图书馆系统文献资源现状分析与布局研究 / 周声浩，田启涛，张欣毅，李修宇 // 图书馆学通讯. ——1990，no.4，48-52+93 页.

摘要：这次全国文献资源调查，公共图书馆系统共有 51 个单位参加，其中有北京图书馆、24 个省（自治区、直辖市）图书馆和 26 个市级图书馆（陕西、吉林省馆材料尚未报来，上海、江西馆未参加）。

24 全国文献资源调研分报告之十二 文献资源建设和调查评估的理论研究 / 张欣毅，黄新，肖自力 // 图书馆学通讯. ——1990，no.4，73-79+60+93 页.

摘要：我国文献资源的整体建设，就其理论而言，无疑是一个还有待于大力发展的研究领域。本调研项目不可能对其所有内容全部涉及，也难以回答所有的重大理论问题。但我们认为，从本调研项目调研方案的设计、论证与实施到若干预期课题成果的形成，已经蕴含着对我国文献资源建设理论多方面的研究与探索。调研过程中提出的许多重大理论课题，业已形成的对某些理论问题的认识成果，实际上在揭示目前我国文献资源整体化建设的基本方向，可以看作这一研究方向的最新的理论进展。本报告仅对"全国文献资源调查与布局研究"课题成果（包括调查方案本身）所体现出来的对于我国文献资源整体化建设若干重大理论问题的研究进展加以总结性论述。

25　全国文献资源调查与布局研究 用户调查研究报告 / 全国文献资源调查课题组，肖自力，李晓明，李昆中，杨治安，张欣毅，黄新 // 图书馆理论与实践.——1991，no.1，4–51 页.

摘要：此次全国文献资源调查有别于传统文献资源调查的特点之一，就是比较注重运用书目核对、引文分析、用户评议等评估技术来综合地分析考察文献收藏的结构特征。由于用户评议是从文献利用的角度进行评价的，而对某学科文献收藏状况的评价最有发言权的莫过于该学科的专家，尤其是造诣较深的学术带头人和学术骨干，他们处于本学科多种信息交流的中心，对文献的评价有相当的权威性，因此用户评议可以在相当程度上弥补数量统计、书目核对、引文分析等方法的不足。

26　关于文献本质及其定义的再认识 / 张欣毅 // 图书与情报.——1992，no.3，1–6+34 页.

摘要：虽然"文献"这一概念在现代文献工作领域乃至学术界已被相当程度地普泛化了，但若细究起来，"文献"作为诸多学科共同涉及的一个重要范畴概念，其理论规范性仍显得十分不足，这从古今中外关于文献概念的诸多代表性观点的歧异纷呈足以得到说明。文献概念是反映文献发展过程及其本质特征的思维形式。对文献概念理解和表述迥然不同，在实质上体现着人们对文献本质的认识上尚存在重大分歧。因此，对有关文献本质若干基本问题做更深入的探讨就显得十分必要。在这方面若能求得进一步的共识，对整个文献工作领域乃至学术界都具有十分积极的认识价值和实践意义。

27　关于文献主题之研究 / 张欣毅 // 图书馆理论与实践. ——1993，no.1，33-37 页.

摘要：本文着眼于文献发展的宏观与本体视角，超脱出有关文献工作的不同学科关于文献主题这一范畴概念的操作性研究，对文献主题的基本含义、语用价值、类型与结构、逻辑——语言——知识范畴三大层面等重大基本问题进行了重新审视和研讨，旨在建构文献主题范畴的元理论。

28　关于文献主题之研究（续完） / 张欣毅 // 图书馆理论与实践. ——1993，no.2，28-33 页.

摘要：文献主题的逻辑与语言层面逻辑和语言层面是文献主题功能性结构中的两个十分重要的剖面（维），向为文献研究方面的学者所关注，有关的研究成果十分丰富。

29　试论文献的编排结构 / 张欣毅 // 图书馆理论与实践. ——1994，no.2，3 页.

摘要：文献的编排结构是文献实体的表层结构，它与文献内在的功能性结构呈对应关系。文献编排结构可以其信息单元的性质而区分为两个系列：单元系列和要素项目系列。不同类型文献的编排结构之间存在着重大差异。

30　跨越时空的文明——中华五千年的文化记录与记录文化（一） / 张欣毅，丁力 // 图书馆理论与实践. ——1997，no.2，37-44 页.

摘要：文章通过对中华五千年文献、文物、文化遗存的学术探讨，大胆地进行反思。按现代人能理解和接受的分类体系区分为历史、民族与疆域、思想、典制文化、军事、记录文化、科技实业、文学艺术、文化交流共九大类，本期为引言与历史篇。

31　跨越时空的文明——中华五千年的文化记录与记录文化（二）/ 张欣毅，丁力 // 图书馆理论与实践. ——1997，no.3，39-45 页.

摘要：文章通过对中华五千年文献、文物、文化遗存的学术探讨，大胆地进行反思。按现代人能理解和接受的分类体系区分为历史、民族与疆域、思想、典制文化、军事、记录文化、科技实业、文学艺术、文化交流共九大类，本期为民族疆域篇。

32　跨越时空的文明——中华五千年的文化记录与记录文化（三）/ 张欣毅，丁力 // 图书馆理论与实践. ——1997，no.4，31-36+38 页.

摘要：文章通过对中华五千年文献、文物、文化遗存的学术探讨，大胆地进行反思。按现代人能理解和接受的分类体系区分为历史、民族与疆域、思想、典制文化、军事、记录文化、科技实业、文学艺术、文化交流共九大类，本期为思想篇。

33　跨越时空的文明——中华五千年的文化记录与记录文化（四）/ 张欣毅，丁力 // 图书馆理论与实践. ——1998，no.1，37-42+44 页.

摘要：文章通过对中华五千年文献、文物、文化遗存的学术探讨，大胆地进行反思。按现代人能理解和接受的分类体系区分为历史、民族与疆域、思想、典制文化、军事、记录文化、科技实业、文学艺术、文化交流共九大类，本期为典制文化篇。

34　跨越时空的文明——中华五千年的文化记录与记录文化（五）/ 张欣毅，丁力 // 图书馆理论与实践. ——1998，no.2，36-42 页.

摘要：文章通过对中华五千年文献、文物、文化遗存的学术探讨，大胆地进行反思。按现代人能理解和接受的分类体系区分为历史、民族与疆域、思想、典制文化、军事、记录文化、科技实业、文学艺术、文化交流共九大类，本期为军事篇。

35　跨越时空的文明——中华五千年的文化记录与记录文化（六）/ 张欣毅，丁力 // 图书馆理论与实践. ——1998，no.3，35-41 页.

摘要：文章通过对中华五千年文献、文物、文化遗存的学术探讨，大胆地进行反思。按现代人能理解和接受的分类体系区分为历史、民族与疆域、思想、典制文化、军事、记录文化、科技实业、文学艺术、文化交流共九大类，本期为记录文化篇。

36　跨越时空的文明——中华五千年的文化记录与记录文化（七）/ 张欣毅，丁力 // 图书馆理论与实践. ——1998，no.4，45-52 页.

摘要：文章通过对中华五千年文献、文物、文化遗存的学术探讨，大胆地进行反思。按现代人能理解和接受的分类体系区分为历史、民族与疆域、思想、典制文化、军事、记录文化、科技实业、文学艺术、文化交流共九大类，本期为科技实业篇。

37　跨越时空的文明——中华五千年的文化记录与记录文化（八）/ 张欣毅，丁力 // 图书馆理论与实践. ——1999，no.1，38-45 页.

摘要：文章通过对中华五千年文献、文物、文化遗存的学术探讨，大胆地进行反思。按现代人能理解和接受的分类体系区分为历史、民族与疆域、思想、典制文化、军事、记录文化、科技实业、文学艺术、文化交流共九大类，本期为文学艺术篇。

38　跨越时空的文明——中华五千年的文化记录与记录文化（九）/ 张欣毅，丁力 // 图书馆理论与实践. ——1999，no.2，33-39 页.

摘要：文章通过对中华五千年文献、文物、文化遗存的学术探讨，大胆地进行反思。按现代人能理解和接受的分类体系区分为历史、民族与疆域、思想、典制文化、军事、记录文化、科技实业、文学艺术、文化交流共九大类，本期为文化交流篇。

39　图书馆是一个生长着的有机体——图书馆学新老五定律引发的思考 / 赵笙，张欣毅 // 图书馆理论与实践. ——1999，no.4，29-32 页.

参见 赵笙论文 02

40　触摸那只无形的巨手——基于公共信息资源及其认知机制的认识论（上）/ 张欣毅 // 图书馆理论与实践. ——2003，no.1，29-32 页.

摘要：作者倡构以"公共信息资源及其认知机制"为业界理论与实践双重范式的框架范畴。

41　触摸那只无形的巨手——基于公共信息资源及其认知机制的认识论（下）/ 张欣毅 // 图书馆理论与实践. ——2003，no.2，6-9 页.

摘要：作者倡构以"公共信息资源及其认知机制"为业界理论与实践双重范式的框架范畴。

42　超文本范式——关于公共信息资源及其认知机制的哲学思考 / 张欣毅 // 中国图书馆学报. ——2003，no.3，15-20 页.

摘要：公共信息资源及其认知机制是一个用以表征图书馆学新范式的本体论范畴。文本范式是其本体论与认识论支点。信息资源是文本范畴的社会维建构，公共信息资源是文本范畴的社会维度建构，认知机制是公共信息资源的信知维。基于公共信息资源及其认知机制的元理论建构是一个三维元结构。

43　回眸一个科学本体论的进化史——基于公共信息资源及其认知机

制的本体论观照 / 张欣毅 // 图书馆.——2005，no.1，31-35+42 页.

摘要：本文以作者倡构的"公共信息资源及其认知机制"新范式为参照，分析了国内外业界科学范式观转移的范畴逻辑史，阐述了蕴藉于"公共信息资源及其认知机制"的科学本体论认知升华。

44 回眸一个科学本体论的进化史（续）——基于公共信息资源及其认知机制的本体论观照（一）/ 张欣毅 // 图书馆.——2005，no.2，34-37+64 页.

摘要：以作者倡构的"公共信息资源及其认知机制"新范式为参照，分析了国内外业界科学范式观转移的范畴逻辑史，阐述了蕴藉于"公共信息资源及其认知机制"的科学本体论认知升华。

45 回眸一个科学本体论的进化史（续）——基于公共信息资源及其认知机制的本体论观照（二）/ 张欣毅 // 图书馆.——2005，no.3，44-47+53 页.

摘要：以作者倡构的"公共信息资源及其认知机制"新范式为参照，分析了国内外业界科学范式观转移的范畴逻辑史，阐述了蕴藉于"公共信息资源及其认知机制"的科学本体论认知升华。

46 宁夏新农村公共文化服务管理体制调研报告 / 张欣毅 // 图书馆理论与实践.——2007，no.6，102-106 页.

摘要：在实地考察调研和相关文献分析的基础上，归纳和分析了宁夏农村公共文化服务体系的基本状况与管理体制方面存在的4类突出问题，从城乡一体化公共文化体系的宏观布局与体制调整、农村公共文化行政管理体制改革、规划体制和投入体制改革、文化项目拉动整合、人事制度改革等几个方面探讨了宁夏农村公共文化管理体制的改革与完善。

47 "文化共享工程"在宁夏：背景、架构与可持续发展 / 丁力，张欣

毅 // 图书馆杂志. ——2008，no.2，29–34 页.

参见 丁力论文 13

48 图书馆事业是 PIR & CM 的主导性社会组织机制 / 张欣毅，贾晓玲 // 图书馆理论与实践. ——2009，no.1，1–4 页.

摘要：在公共信息资源及其认知机制（PIR & CM）这一人文本体论框架下，图书馆事业作为四大主体之一，其社会角色可定位为 PIR & CM 的主导性社会组织机制，其基本社会职能可概括为 4 种。

49 宁夏图书馆 50 年发展回眸（上）/ 丁力，张欣毅，王岗 // 图书馆理论与实践. ——2009，no.2，89–96 页.

参见 丁力论文 14

50 宁夏图书馆 50 年发展回眸（下）/ 丁力，张欣毅，王岗 // 图书馆理论与实践. ——2009，no.3，95–100 页.

参见 丁力论文 15

51 PIR & CM 作为一种公共信息文化共同体 / 张欣毅 // 图书馆理论与实践. ——2010，no.1，1–5 页.

摘要：PIR & CM，即公共信息资源及其认知机制，是本课题主持人创构的一个用于表征图书馆事业之社会价值本体论即人文本体论的范畴。PIR & CM 的一般结构性要素可抽象为公共及其认知、（狭义）公共信息资源、认知机制。依据社会价值工程理论，"公共及其认知"体现着具有核心价值意义的"主体间关系定位"；"信息、知识、情报 / 文献、文本"只是资源维的两组前提性概念，社会信息资源与公共信息资源则是两个带有深度关联与转换关系的价值形态；认知机制乃是关于公共信息资源认知的理论抽象。在综合的意义上，PIR & CM 是一种"基于认知世界的社会价值本体论"，也可称为一种公共信息文化共同体。

52 政府主导是公共信息资源共建共享的基础与保障 / 张欣毅 // 图书馆理论与实践. ——2010，no.4，1-6 页.

摘要：政府主导是公共信息资源共建共享（PIRCS）的基础与保障。混合经济时代政府公共职能的转变与"补足"是其基本的现实依据和法理依据。政府主导 PIRCS 体现在公共信息（文化）体系构建、公共财政资金支持与保障、公共信息（文化）法律和政策的制定与实施三个基本方面。

53 朝向公共信息文化共同体的公共图书馆发展观重构——基于"公共图书馆免费开放"的超文本思考 / 张欣毅 // 中国图书馆学报. ——2011，vol.37，no.3，18-24 页.

摘要：以文化部、财政部《关于推进全国美术馆、公共图书馆、文化馆（站）免费开放工作的意见》的公布与实施为契机，提出构建现阶段公共图书馆事业发展的理论体系，即"朝向公共信息文化共同体的公共图书馆发展观"和"新公共图书馆学"。站在民族文化振兴战略、西部社会信息化战略的高度，指出当前最突出的问题是解决好免费开放与公共图书馆事业转变发展方式、服务体系的制度设计、管理体制和运行机制改革创新这三大发展战略目标的衔接、整合。

54 解读宁夏图书馆读者服务理念（14 则）/ 张欣毅 // 图书馆理论与实践. ——2011，no.4，1-10 页.

摘要：2010 年 8 月，由宁夏图书馆携手《华兴时报》开办的 50 期大型图书馆服务宣传专栏《阅读新视界》隆重面世，开我国当代大型公共图书馆在省一级大型强势媒体上做大规模图书馆服务与专业文化社会宣传之先河。这里呈现给读者的是本刊主编(也是《阅读新视界》主编)张欣毅先生亲自为《阅读新视界》撰写的"每期一议"的第一组千字文系列——"解读宁夏图书馆读者服务理念"，凡 14 则，均以笔名"辛亦"发表。（注：14 则均以正式发表时序排列，首则发表于

《华兴时报》2010 年 8 月 30 日，第 2 则发表于 2010 年 9 月 15 日，每半月发表 1 则，无间断，故各则文后不再注明发表时间。）在我们看来，"解读宁夏图书馆（新馆）读者服务理念"云云，其要义在"解读"：大处、高度以着眼，细微、深度以着笔；其难能可贵亦在"解读"：以贴近社会、贴近广大读者的语言文字把握，传达宁夏图书馆新馆如火烈烈的服务实践、发展实践所蕴含的图书馆学新思维、新理念以及更深层面之理想、精神、信仰、情感、胸襟与气象。

55 现代公共图书馆面面"观"（上）/ 张欣毅 // 图书馆理论与实践.
     ——2012，no.4，1–7 页.

     摘要：在我们看来，"现代公共图书馆面面'观'"俨然就是现当代公共图书馆行业具有理论自觉、文化自觉、职业自觉多重意义之"话语体系"的全景扫描与深度梳理。尤为难能可贵的是，诸"观"之作，皆高屋建瓴，文思敏达，文意深远，更兼文笔清新，多有简言隽永。综观之，堪称其为时下方兴未艾的"新公共图书馆学"之普世"宣言"。

56 现代公共图书馆面面"观"（下）/ 张欣毅 // 图书馆理论与实践.
     ——2012，no.5，1–7+13 页.

     摘要：在我们看来，"现代公共图书馆面面'观'"俨然就是现当代公共图书馆行业具有理论自觉、文化自觉、职业自觉多重意义之"话语体系"的全景扫描与深度梳理。尤为难能可贵的是，诸"观"之作，皆高屋建瓴，文思敏达，文意深远，更兼文笔清新，多有简言隽永。综观之，堪称其为时下方兴未艾的"新公共图书馆学"之普世"宣言"。

57 从龙飞凤舞到儒道互补——中华传统思想文化大流变 / 张欣毅 //
     图书馆理论与实践. ——2012，no.7，1–5 页.

     摘要：本期"特稿"栏目隆重推出宁夏图书馆常务副馆长、本刊主编张欣毅研究馆员的近期新作《从龙飞凤舞到儒道互补》。是文也是作者近期赴国外举办的一个专场文化讲座的稿本（参阅本期封二图文介绍）。张欣毅先生长期致力于本专业领域的基础学科——文献学之研究，逐步形成了文献学与文化学双向观照的研究思路和学术风格，本世纪初年由他与丁力先生合作主创、荣获全国第八届"五个一工程"理论文献专题片大奖的 30 集中华历史文化电视专题片《跨越时空的文明》（简称《跨》片）是其这类研究的代表作。本期发文主要取材于《跨》片的《思想篇》（参阅本刊 1997 年第 4 期刊发的《跨》片文学本）。在我国当代"文化强国"新国策中，图书馆事业已被明确纳入"中华优秀传统文化传承体系"。如是居间，中华典籍普查、整理、保护及至数字化，或正在内化为某些基本业态，而深入发掘中华典籍的思想内涵以达当代"振民育德"之功或正在成为业界的一种职业文化自觉。本期"特稿"洵为这后一个方面富有建设性的"得意"之作。

58 公书林清话（上）/ 张欣毅 // 图书馆理论与实践. ——2012，no.9，
1~6+10 页.

摘要：题解：终极人文关怀的真情告白许久以来，常有莫可名状的冲动，欲以"公书林清话"为题目写个什么，或书、或专题片、或系列文章。如今，天假其便，得以借《阅读新视界》这个栏目，聊遂此心愿。先说说"清话"这个词的"微言大义"。清末民初，著名藏书家、版本学家叶德辉先生集毕生藏书、版本研究之心得，以笔记体裁形式写就了 10 卷本的《书林清话》。该书自问世，便广受相关领域士子学人们的青睐。我在大学求学的时候读过此书。

59 公书林清话（下）/ 张欣毅 // 图书馆理论与实践. ——2012，no.10，
1~7 页.

摘要：从"共享工程"到"数图工程"：构建"人民的网络"今年，公元 2012 年，是当代中国公共图书馆行业分级承担的"全国文化信息资源共享工程"（简称"共享工程"）启动实施 10 周年。

张雅妮

女，1979 年生，宁夏固原人，2014 年入馆至今，馆员。

著作

01 中国图书馆年鉴 2015/ 中国图书馆学会，国家图书馆编. ——北
京：国家图书馆出版社，2016.——564 页，978-7-5013-5782-6
（340.00）.
参编：张雅妮（宁夏回族自治区）175-178 页
参见 菊秋芳著作 05

02 中国图书馆年鉴 2016/ 中国图书馆学会，国家图书馆编. ——北
京：国家图书馆出版社，2017.——593 页，978-7-5013-6036-9
（340.00）.
参编：张雅妮（宁夏回族自治区）175-178 页
参见 韩彬著作 03

论文

01 分级阅读在少儿阅读中的实现途径 / 张雅妮 // 图书馆理论与实践.
——2018，no.12，26-29 页.
摘要：文章介绍了分级阅读在国内的发展概况，从阅读指导分级

和阅读推广活动分级两方面列举了相关案例，对其进行分析，并在此基础上提出了加快制定儿童分级阅读标准、运用分级阅读理念建设馆藏资源、按照分级阅读要求进行分类排架等推进分级阅读的有效途径。

02 图书馆对 9~12 周岁少年儿童阅读专注力培养策略的研究 / 张雅妮，袁玲芝 // 图书馆理论与实践. ——2020，no.5，115–118+136 页.

摘要：文章分析了 9~12 周岁少年儿童专注力的特点及影响少年儿童阅读专注力的因素，提出图书馆培养 9~12 周岁少年儿童的阅读专注力需要创造良好的阅读环境、提供便利的阅读条件，培养兴趣、激发阅读专注的自觉性，定期或不定期举办图书推荐、诗歌（散文）朗诵、读书分享等丰富多彩的主题阅读活动，使少年儿童在活动中培养阅读专注力，养成专注阅读的习惯。

03 少儿阅读方法的探析与思考 / 张雅妮 // 内蒙古科技与经济. ——2020，no.13，113–116 页.

摘要：介绍了少儿阅读推广活动中常见的阅读方法，并结合案例对其进行了说明和分析，指出少年儿童选择读物需遵循他们自身的发展特点和兴趣爱好，不同年龄段少年儿童适合采用不同的阅读方法，即便采用相同的阅读方法，具体运用时也因认知能力不同有区别。最后提出阅读方法只有通过宽松、无压力阅读氛围创造、图书馆员素质不断提升以及少儿阅读活动持续开展，才能真正发挥它的作用，从而指导少年儿童快乐阅读。

张 玥

女，1976 年生，河北新城人，2011 年入馆至今，副研究馆员。

论文

01 从殷墟卜辞到《史记》——中国档案及其利用源流略考 / 张玥 //
图书馆理论与实践. ——2008，no.1，6+124 页.

摘要：中国档案伴随着文字的产生而产生，且随着社会进步不断受到重视，并发挥作用。在不断进步中逐渐形成了"述而不作，实事求是"的优良传统，对后世产生了深远影响，对文明的传承起到了重要的作用。

02 建立为宁夏经济和文化发展引航的新型图书馆——对图书馆未来
发展理念的思考 / 张玥 // 价值工程. ——2013，no.1，11+182 页.

摘要：宁夏图书馆要成为欧亚经济板块中促进经贸发展的窗口、平台和文化殿堂。立足这一理念，宁夏图书馆需要抓住国际新丝路银川口岸商品市场建设的机遇建设新型图书馆。

03 "人格卡片"：公共图书馆少儿读者服务的有益尝试 / 张玥 // 图书
馆理论与实践. ——2018，no.1，11+82 页.

摘要：少儿服务是现代公共图书馆服务工作的重要组成部分。文章介绍了宁夏回族自治区图书馆少儿部建立的"人格卡片"管理方式，具体分析了该方案的服务对象、服务理念、服务方式和服务内容，为公共图书馆少儿服务工作探索了一条新的发展路径。

赵海丽

女，1965 年生，陕西长安人，2008 年入馆至今，馆员。

论文

01　试论知识管理理论在图书馆的运用 / 赵海丽 // 图书馆理论与实践.
　　——2012，no.11，41-42+53 页.

　　摘要：构建高效的知识管理团队和与时代发展相适应的知识库系统，规范知识管理、知识传输与技术服务、应用管理、知识资源共建共享，改革与完善图书馆工作绩效评价体系，从而将知识管理理念引入图书馆管理与图书馆工作之中。

赵　笙

男,1949 年生,北京人,1979—2009 年在馆,副研究馆员(副处级)。

论文

01　关于图书登录新方式的思索 / 赵秀霞,赵笙 // 图书馆理论与实践.
　　——1999,no.2,32-58 页.

摘要:为了简化手续,改进工作,图书馆界有人对图书登录的改革方式进行了长期的探讨与研究。本文认为计算机管理系统在图书馆的应用,可以为登录制度改革提供可能性,并对此展开了论述。

02　图书馆是一个生长着的有机体——图书馆学新老五定律引发的思考 / 赵笙,张欣毅 // 图书馆理论与实践. ——1999,no.4,29-32 页.

摘要:作者从图书馆学新老五定律的多角度、多层面比较中引发思考,分析了新老五定律各自的时代特征及相互间的内在逻辑关联,着重探讨了新时期"我们这个职业的有机生长点"。

03　对图书馆参与信息扶贫工程的几点思考 / 赵笙 // 图书馆理论与实践. ——2000,no.4,22-23 页.

摘要:作者针对图书馆如何在信息扶贫工程及西部经济开发中发挥积极作用,阐述了自己的思考及见解。

郑素萍

女，1969 年生，宁夏盐池人，2019 年入馆至今，副研究馆员。

著作

01 民国宁夏财政文献辑录 / 郑素萍编著. ——银川：宁夏人民出版社，2020. ——353 页，978-7-227-07382-6（45.00）.

编著：郑素萍

内容提要：本书中的文献档案主要以民国时期宁夏省政府训令、指令、批示、公函、布告为主，文献内容涉及民国时期宁夏省政府概预算、收支运转，税收、粮饷、贸易，社会求助、物资储备、无线电台，人事任免等诸多方面。

论文

01 浅谈电子图书与社区公共图书馆服务网络构建 / 郑素萍 // 数字化用户. ——2014，vol.20，no.17，173 页.

摘要：本文通过研究网络化图书馆以及电子图书的一些特征，分析了社区图书馆与电子图书及网络建设之间的关系，进而讨论基于服务网络的社区公共图书馆的创建问题。

02 创新服务是基层图书馆发展关键 / 郑素萍 // 办公室业务. ——

2015，no.2，87 页.

摘要：基层图书馆是整个图书馆体系结构中最为重要的组成部分，是保障图书馆进一步发展的重要方式。重视基层图书馆的服务质量对不断完善、加强整个图书馆的管理体系具有十分重要的意义。在基层图书馆在发展过程中，创新服务是其中较为重要的内容，本文就基层图书馆在发展过程中如何创新服务进行了一些讨论，个人意见，仅供参考。

03　宁夏境内可移动文物资源概况探析 / 郑素萍，马立群，张荣 // 中国民族博览. ——2019，no.5，223-224 页.

摘要：宁夏历史悠久，地理位置独特，历史上遗留下的丰富遗产具有强烈的地域性和多元融合趋势特征，数量众多的可移动文物资源便是宁夏历史发展的实物见证。全区境内拥有数量众多、价值突出的可移动文物资源，从其可移动文物种类来看，涉及石器、陶器、瓷器、钱币、铁器、铜器各类别，涵盖了可移动文物所有种类。从其历史年代、来源和入藏时间、保存状况、分布等诸多方面来看，表现出种类丰富、内容多元、地域特色与价值突出特征。

周天旻

女，1966 年生，宁夏中卫人，1989—2006 年在馆，离馆时间不详，副研究馆员。

论文

01 英国国家盲人图书馆一瞥 / 周天旻 // 图书馆理论与实践. ——1998，no.1，63 页.

摘要：一座图书馆藏书万卷，却没有一本书是印刷品，也没有一个读者在书架前浏览，听起来似乎很奇怪，但对于那些凭触摸而不是用眼睛去阅读的人们来说，一点儿也不奇怪。这座图书馆就是闻名遐迩的英国国家盲人图书馆。

02 网络时代图书馆先进意识的引入和培育 / 周天旻 // 图书馆理论与实践. ——2002，no.6，22-24 页.

摘要：网络环境下的图书馆需要取长补短，将国内外各行各业的先进的思想观念引入到图书馆，诸如竞争意识、创新意识、知识生产者意识、知识产权意识、品牌意识、未来意识等。

03 图书馆形象与图书馆公关 / 周天旻，张蓓 // 图书馆理论与实践. ——2003，no.4，34-35 页.

摘要：通过分析图书馆形象内涵以及图书馆公关对图书馆形象建设的作用，提出图书馆公关是奠定图书馆形象建设的基石，并且从目标层次和具体操作的角度论述了图书馆公关是促使图书馆形象建设的关键。

04　社区图书馆与公共图书馆的互动发展／周天昱，程宏／／图书馆理论与实践. ——2004，no.1，56-57 页.

摘要：分析了城市化后建设社区图书馆的必要性以及由公共图书馆创办或参与社区馆发展的好处，阐述了两者在图书馆事业发展中相互影响、相互推动的关系。公共图书馆应该充分发挥其各方面的优势来促进社区图书馆的发展，建设特色社区图书馆网络，反之，社区图书馆的良性发展又会延伸和拓宽公共图书馆的发展领域和服务功能。

05　百年图书馆精神在网络时代的弘扬／周天昱／／图书馆理论与实践. ——2007，no.4，56-57 页.

摘要：回顾了百年来图书馆精神的历程。通过对新时代图书馆精神内涵和时代意义的分析，进一步表述弘扬图书馆精神是网络时代图书馆自身发展的需要，指出科学精神和人文精神的融通和共建是图书馆发展的方向。

题名索引

后　记

　　在馆藏建设和读者服务工作之外，展开专业研究，也是图书馆员工作的必备内容，不仅可以扩大眼界，了解学科专业发展动态，及时借鉴跟进最新的专业发展，提高工作质量，同时也能够不断提升馆员素质，增强专业能力，为读者提供更优质的个性化服务。馆员进行专业研究，对于图书馆事业的促进作用，是潜移默化的，具有积极意义。为此，对馆员研究成果进行及时的总结和呈现，能够准确把握馆员的学术研究和专业发展轨迹，便于图书馆更合理地调整业务发展政策，做到因材施教，使馆员在最合适的岗位释放自己的能力，从而推进图书馆工作向深度拓展，壮大图书馆事业。同时，对馆员学术成果予以揭示，也能树立馆员专业信心，激发馆员更大的热情，将学术研究成果运用到实际工作中，扩展工作专业内涵，提升服务层次。正是出于这样的考虑，我们编撰出版这本《宁夏图书馆馆员著述提要（1958—2020)》，收录了1958—2020年期间宁夏图书馆馆员的学术成果，包括专业著作、专业论文和其他文字，旨在全面反映宁夏图书馆自成立以来，馆员们在理论与实践中探索、研究的发展状况和学术成果。

　　宁夏图书馆自1958年建馆，历经馆舍搬迁、改造，工作重心一直以图书馆实际工作为主，对于馆员学术研究，虽也重视，但并没有进行过系统的汇总呈现，只是在2008年新馆建成时，出版过一本《宁夏图书馆同人文集》，每人选取一至几篇代表性学术成果进行汇总，并不能反映馆员学术成果的全貌。2020年，有感于国内多家图书馆都在这个时间节点回顾、整理和呈现本馆馆员学术成果，本馆亦萌生了编纂本书的想法，经与韩彬馆长多次汇报商讨，并经过会议形成决议，由张莉具体负责本书的全部事宜。组织好编辑团体后，进行了合理的分工，由金晓英、叶梓负责联系馆员、发布通知并接收馆员递交的成果；由刘丹、张静婕负责对收到的成果进行核实、编排；由郭生山撰写综述；由杨蕾负责全文校对。此外，在成书过程中，也得到了阳光出版社编辑和宁夏银川轻工印刷包装厂的大力支持，特表谢意。

在本书编纂过程中，我们本着尽量全面收录馆员学术成果的初衷着手工作，但由于时间跨度比较大，部分馆员无法取得联系，或者有些成果已检索不到，虽然历时两年，尽心尽力，但仍有部分成果不能完成收录，是本书遗憾的方面。好在绝大部分馆员的成果已在列，且能代表我馆学术水准的成果全部在列，这本书基本达到了全面真实反映我馆学术全貌的目的。这里也感谢全体馆员的配合与参与，能够整体地体现宁夏图书馆馆员学术水准和能力，是大家集体荣誉感的说明。在成书过程中，也得到了宁夏图书馆现任馆领导张勇、吕毅、陶爱兰、张明乾的关心与大力支持，在此深表谢意。

期待本书的出版，在学科发展正经历巨大转型的时代，能够起到总结过往、激发潜能、筑梦未来的作用。借此提振馆员的研究热情，积极投身新的学术方向和主题的研究，产生出更具现代性和专业性的成果，为当代图书馆事业的发展作出贡献。

张　莉

2023 年 1 月